Aus der GEW-Schriftenreihe Professionelle Arbeitstechniken.

Denis Kittl • Andreas Winheller

Zeit-Seeing

Entdecken Sie in fünf Akten einen neuen Umgang mit Ihrer Zeit.

Mit Illustrationen von Werner Tiki Küstenmacher.

Impressum:

Herausgeber: GEW Rheinland-Pfalz, vertreten durch Tilman Boehlkau, Neubrunnenstraße 8, 55116 Mainz
Umschlaggestaltung: Denis Kittl
Illustrationen: Werner Tiki Küstenmacher
Lektorat: Christian Goldschmitt & Nadya Konrad
Druck: Druckwerkstätten Gebrüder Nauth GmbH, Mainz
ISBN 978-3-00-021385-4

Vorwort

Haben Sie genug Zeit?

Genug Zeit wofür? Na, um all das zu erledigen, was Sie erledigen müssen und für all das, was Sie erledigen wollen. Nein? Dann sind Sie in bester Gesellschaft.

Nur eine von 100 Personen glaubt genug Zeit zu haben

Laut einer Befragung[1] unter 100 Managerinnen und Managern hatte nur eine einzige befragte Person genügend Zeit. Zehn der Managerinnen und Manager benötigten insgesamt zehn Prozent mehr Zeit. 40 von ihnen benötigten 25 Prozent mehr Zeit und 49 der 100 Managerinnen und Manager gaben an, sogar 50 Prozent mehr Zeit zu benötigen.

Sie sehen: Zeit ist ein begehrtes Gut. Nicht umsonst ist „Zeit“ seit Jahren das am häufigsten gebrauchte Substantiv der deutschen Sprache. Zeit ist deswegen so begehrt, weil sie ein knappes und nicht käufliches Gut ist. Egal wie viel Reichtum wir am Ende unseres Lebens angehäuft haben, Zeit können wir uns davon keine erkaufen.

[1] Mackenzie, Alec R.: Die Zeitfalle, 10. Auflage, 1991, S. 9

Grund genug, keine Zeit zu verschwenden, stehlen zu lassen oder zu verlieren. Doch genau das scheint uns allen immer und immer wieder zu passieren. Haben wir doch alle 24 Stunden Zeit. Und das täglich. Auch die Menschen, die immer wieder beteuern keine Zeit zu haben.

Wir haben alle täglich 24 Stunden

So wusste schon der Theologe Ladislaus Boros:

„Der Mensch hat keine Zeit, wenn er sich nicht Zeit nimmt, Zeit zu haben.“
(Ladislaus Boros)

Dieses Buch soll Ihnen helfen, zu ergründen wo Sie Zeit verlieren und wie Sie Ihre Zeit besser nutzen können. Und das verständlich und präzise auf weniger als 100 Seiten. Schließlich wollen wir nicht mehr von Ihrer Zeit beanspruchen, als nötig. Dabei wollen wir Ihnen bewusst nicht erklären, wie Sie Ihre Arbeit machen sollen. Wir versuchen einen Überblick über Entwicklungen, sowie Techniken und Methoden des so genannten Zeitmanagements zu geben und Ihnen damit zu helfen, Ihre Zeit so zu nutzen, dass Sie genug Zeit “haben”.

Alles Wichtige auf weniger als 100 Seiten

Genug Zeit wofür? Na, um all das zu erledigen, was Sie erledigen müssen und für all das, was Sie erledigen wollen.

Entwicklung des Zeitmanagements: Das Stufen-Model

Erfindungen beschleunigen mehr und mehr unsere Zeitordnung

Früher richtete sich der Lebensrhythmus des Menschen nach den Jahreszeiten und nach hell und dunkel. Mit der Erfindung der Uhr haben wir eine lineare, aber künstliche Zeitordnung eingeführt. Diese Zeitordnung wurde und wird noch heute durch weitere Erfindungen immer und immer mehr beschleunigt: Beispielsweise durch das Auto (und gut ausgebaute Autobahnnetze) und das Flugzeug. Aber auch durch moderne Kommunikationsmedien wie Fax, Handy, E-Mail und Internet. Fast überall sind wir in Echtzeit miteinander in Kontakt. Beinahe mit der ganzen Welt. Und ebenso schnell, wie wir erreichbar sind, werden Antworten, Entscheidungen und Reaktionen von uns erwartet.

Um den daraus entstehenden Anforderungen auf vernünftige Art und Weise gerecht werden zu können, entwickelte sich ab ca. 1930 die professionelle Beschäftigung über den Umgang mit Zeit.

Die Geburt des so genannten „Zeitmanagements".

In einem andauernden Prozess entstanden so nach und nach verschiedene „Generationen" des Zeitmanage-

ments. In jeder dieser Generationen richtete sich die Aufmerksamkeit auf einen anderen Aspekt. Die einzelnen Generationen sind jedoch nicht losgelöst von den vorangegangenen, sondern bauen aufeinander auf und greifen ineinander über. Weswegen man auch verschiedene Angaben darüber findet, wie viele Generationen existieren.[2]

Zur besseren Darstellung und klareren Strukturierung arbeiten wir hier mit vier *Stufen*, die nach unserer Ansicht tatsächliche neue Entwicklungsstufen des Zeitmanagements beschreiben.

Die 4 Stufen des Zeit-managements

1. Stufe: Effizienz: Die Dinge richtig tun.
2. Stufe: Effektivität: Die richtigen Dinge tun.
3. Stufe: Personalisiertes Zeitmanagement.
4. Stufe: Lebensbalance/ Work-Life-Balance.

Die 5. Stufe: Der Transfer in den Alltag

Darüber hinaus widmen wir uns am Ende des Buches in einer fünften Stufe dem Transfer der zuvor beschriebenen vier Stufen in den Alltag, um so das Gelesene auch umsetzbar und anwendbar zu machen.

So entsteht ein Veränderungsprogramm, das Ihnen ermöglicht in fünf Akten einen neuen Umgang mit Ihrer Zeit zu entdecken.

---

[2] Unser Stufen-Modell gründet auf das *tempus.*®-Modell zu den Entwicklungsstufen des Zeitmanagements. Neuerdings beschreiben *tempus.*®-Chef Jörg Knoblauch und sein Team noch eine fünfte („Shared-Life-Balance") und sechste („EthIQ": Ethik + Intelligenz + Werte) Generation. Diese haben jedoch nicht die Qualität echter Entwicklungsstufen des Zeitmanagements im engeren Sinne (Umgang mit Zeit) und bleiben daher in diesem Buch unberücksichtigt.

1. Stufe: Die Sache mit der Effizienz

Mist! Gestern Abend habe ich doch noch an etwas gedacht, was ich heute unbedingt erledigen muss… Was war das doch gleich…?

Kennen Sie das? Ganz ehrlich nicht? Aber vielleicht das:

Ich habe mir doch irgendwo einen Zettel mit den Dingen gemacht, an die ich diese Woche denken muss. Wo ist der doch gleich? In dem Stapel war er schon einmal nicht. Ich weiß noch genau: Es war so eine gelbe Haftnotiz. Richtig, ich habe mir das beim Zeitunglesen heute Morgen notiert… direkt bevor ich die alten Zeitungen zum Altpapier gebracht habe… Mist!

…und schon ist die gedankliche Notiz vergessen oder der schriftliche Hinweis im Altpapier gelandet. Und damit vielleicht auch der gute Vorsatz, dieses Jahr nicht erneut den Geburtstag des Kollegen zu vergessen oder die Versicherung rechtzeitig zu kündigen, bevor man ein weiteres Jahr den überteuerten Tarif zahlt.

Eigentlich ist die Idee hinter effizientem Zeitmanagement ganz simpel und trotzdem ebenso wirksam: „Wer schreibt der bleibt“, lautet eine alte Weisheit. Und eben dies ist ein wesentlicher Gedanke der ersten Stufe des Zeitmanagements:

Das Schriftlichkeitsprinzip von Planung.

Planung ist schriftlich oder keine Planung

Notieren Sie sich alle Ihre Aufgaben, damit Sie nichts vergessen. Denn vergessen ist menschlich und kann, muss aber überhaupt gar nichts mit dem Alter zu tun haben.

Exkurs Gedächtnis:
Unser Gehirn schützt sich sogar aktiv vor Informationsüberflutung. Daher arbeitet es mit verschiedenen Speichern: dem Ultrakurzzeitgedächtnis (speichert Neues nur zwischen 0,1 und 20 Sekunden), dem Kurzzeitgedächtnis (es speichert durchschnittlich sieben Eindrücke bis zu einigen Minuten) und dem Langzeitgedächtnis. Um im Langzeitgedächtnis Dinge abzuspeichern, müssen Inhalte von dem Ultrakurzzeitgedächtnis über das Kurzzeitgedächtnis in das Langzeitgedächtnis übertragen werden. Und dort muss das so *gelernte* auch noch abrufbereit sein. Ein viel zu aufwendiger Vorgang um sich alles zu merken, auch wenn es nach Erledigung (wie z.B. bei der Kündigung der Versicherung) keine Relevanz mehr hat.

Daher sollten Sie sich alles, was Sie tun müssen aufschreiben. Damit es Ihnen nicht wie in dem Beispiel mit der verlorenen Haftnotiz geht:

Schreiben Sie alle Aufgaben und Termine gesammelt an *einer* zentralen Stelle auf.

Zeitplanbuch

Alles Wichtige an *einer* Stelle

Wo und womit Sie Ihre Zeitplanung machen ist letztlich nicht relevant, solange Sie alles gesammelt an einer Stelle haben. Da Ihre Zeitplanung mobil sein sollte, damit Sie sie auch mit sich nehmen können, empfiehlt sich jedoch ein Zeitplan*buch*.

Mit einem Zeitplanbuch schaffen Sie einen Ort, an dem Sie alles (Ideen, Termine, Aufgaben, Notizen etc.) zentral festhalten und den Sie mit sich nehmen können. Machen Sie Schluss mit umständlichen Listen und zahllosen Schmierzetteln – auf denen nur die Hälfte steht, die nicht abgearbeitet werden oder verschwinden!

Dazu gibt es zwei grundsätzliche Möglichkeiten:

Das Papier-Zeitplanbuch

1. Verwenden Sie ein Ringbuch. Es sollte möglichst kein fest gebundenes Buch sein, da Sie so jederzeit und an jede Stelle Blätter hinzufügen oder entfernen können. Mit einem Ringbuch können Sie sich auch

an Ihrem Computer speziell für Ihre Bedürfnisse geeignete Form- und Einlageblätter entwerfen oder auf die speziell für die Zeitplanung entwickelten und optimierten Formblätter verschiedener Anbieter zurückgreifen. Ebenso finden Sie bei diesen Anbietern eine Auswahl an verschiedenen Ringbüchern (z.B. bei „tempus“® oder „Time/system“®).

2. Natürlich haben Sie auch die Möglichkeit mit einem Notebook oder Handheld/ Pocket-PC zu arbeiten. Ein herkömmlicher Desktop-PC eignet sich jedoch weniger, da Sie Ihre Zeitplanung mit sich nehmen können sollten und Sie die Leute etwas merkwürdig ansehen werden, wenn Sie stets Ihren PC unter dem Arm haben. Für die EDV-Alternative können Sie Ihre Textverarbeitung, Datenbankprogramme (wie z.B. „Access"® von Microsoft® oder „Approach"® von Lotus®, mit denen Sie Ihre Eintragungen in einzelnen Datensätzen speichern und später beispielsweise nach Prioritäten, Erstellungs- oder Wiedervorlagedatum sortieren können) oder Programme mit Kalenderfunktion (wie beispielsweise „Outlook"® von Microsoft® oder „Thunderbird" ® von Mozilla®) nutzen.

Die EDV-Variante

Egal was Sie nutzen: Verwenden Sie Ihr neues Zeitplanbuch zur *Planung* Ihrer Zeit – d.h. ein Zeitplanbuch ist weit mehr als ein einfacher (Vormerk-) Kalender. Schreiben Sie in Ihr Zeitplanbuch alle relevanten Daten (wie beispielsweise eine Geburtstagsliste oder wichtige Adressen), sowie alle Aufgaben, die Sie erledigen müssen: Termine, Telefonate, Bestellungen, Kalkulationen, den ersten Schritt eines Projekts oder einfache Notizen. Es ist völlig unerheblich, ob es sich um lang- oder kurzfristige Aufgaben handelt.

Zeitplanbuch: Mehr als ein Kalender

To-Do-Liste

To-Do-Liste

Es empfiehlt sich *eine* Liste mit allen Aufgaben zu erstellen, die Sie erledigen müssen: Eine To-Do-Liste. Der Vorteil liegt auf der Hand: Mit Ihrem Zeitplanbuch haben Sie alle wichtigen Daten an einem Ort. Und mit der To-Do-Liste – als Teil Ihres Zeitplanbuches – haben Sie all Ihre Aufgaben an einem Ort konzentriert.

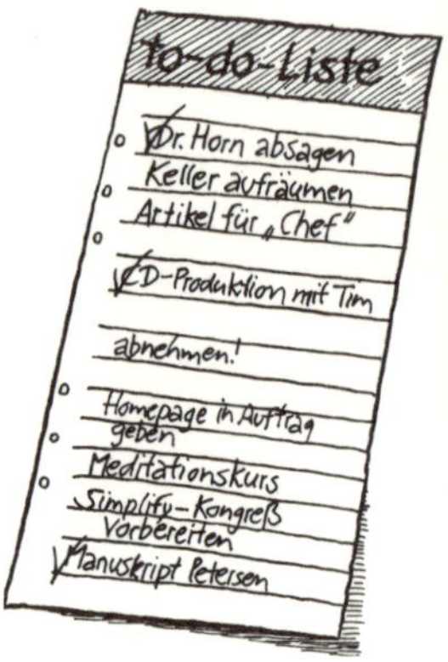

Sofort-Prinzip

Praxis-Tipp:
Sofort-Prinzip: Aufgaben deren Erledigung nicht mehr als drei Minuten Ihrer Zeit in Anspruch nehmen gehören nicht auf die To-Do-Liste. Bearbeiten Sie diese Aufgaben sofort.

Tagesplanung

Planen Sie am Abend

Planen Sie den nächsten Tag am Ende eines jeden Tages. Überlegen Sie sich, welche Aufgaben Sie morgen erledigen wollen und welche Aufgaben Sie heute nicht geschafft haben und daher auf den nächsten Tag übertragen müssen. Für diese Planung brauchen Sie nicht mehr als zehn Minuten. Je geübter Sie werden, desto schneller werden Sie auch Ihre Tagesplanung tätigen können. Und je besser Ihre Planung ist, desto effizienter werden Sie Ihre Aufgaben erledigen können.

Planung spart Zeit

Praxis-Tipp:
Falls Ihr nächster Tag durch mehrere Termine zerstückelt ist, suchen Sie aus Ihrer To-Do-Liste kleinere Aufgaben heraus. Diese können Sie besser dazwischenschieben, sobald ein wenig Zeit dafür ist.

Die Planung am Abend vorzunehmen ist jedoch nicht nur sinnvoll um zu wissen, welche Aufgaben Sie nicht geschafft haben und daher übertragen müssen. Wenn Sie die Planung vor dem zu Bett gehen machen, erzeugen Sie das gute Gefühl, den nächsten Tag geplant und somit im Griff zu haben. Außerdem können Sie – wie man umgangssprachlich sagt – „drüber schlafen". Denn nachdem Sie Ihre Planung gemacht haben, arbeitet Ihr Unterbewusstsein weiter – und das, während Sie (und Ihr Bewusstsein) schlafen.

Das gute Gefühl nichts zu vergessen

Sie werden feststellen, welche Erleichterung Ihnen Ihre Tagesplanung bringt: Kein mulmiges Gefühl beim Einschlafen, weil Sie befürchten morgen nicht an alles zu denken. Denn Sie haben ja alle Aufgaben auf Ihrer To-Do-Liste festgehalten.

Kein schlechtes Gewissen, was Sie vergessen könnten. Denn Sie haben ja alles an einer Stelle konzentriert und so mit dem Blick in Ihr Zeitplanbuch präsent.

Keine Besorgnis, ein wichtiges Formular zu verlegen. Denn Sie können alles Bedeutende in Ihrem Zeitplanbuch abheften oder einlegen.

Ebenso wie es unwichtig ist, welche Software Sie bei einer EDV-Variante nutzen, ebenso unwichtig ist es, ob Sie blanko, liniert oder kariertes Papier bevorzugen.

Arbeiten Sie so, dass es für *Sie* passt

Und auch eine Entwarnung für alle Gegnerinnen und Gegner von straffen Tabellen und strukturierten Listen. In vielen alten (und schlechten) Büchern über Zeitmanagement findet man zwar oft nur solche Vorschläge und Hilfsmittel, aber das moderne Zeitmanagement ist weiter. Ohne der dritten Entwicklungsstufe zu sehr vorzugreifen: Sie kennen sich am besten. Wenn Sie lieber flexibel und mit offenen und ergänzbaren Strukturen arbeiten: Kein Problem.

Verwenden Sie beispielsweise MindMaps, um Ihre Aufgaben oder Ideen festzuhalten.

Exkurs MindMap-Methode:
Eine MindMap ist eine grafische Darstellung mit der Sie Gedanken und Zusammenhänge schnell und übersichtlich in einer Art Baumdiagramm visualisieren können. Sie ermöglicht genügend Flexibilität die so visualisierten Gedanken jederzeit zu ergänzen und zu erweitern.

MindMaps

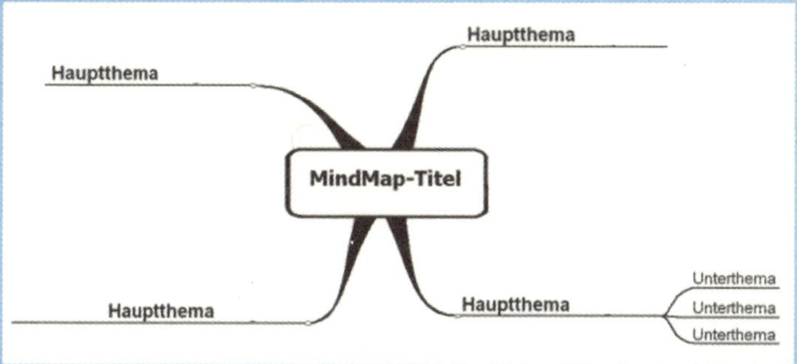

MindMaps enthalten das zu bearbeitende zentrale Thema in der Mitte. Es wird möglichst genau formuliert und/oder als Bild dargestellt. Von diesem Thema erwachsen verschiedene Hauptäste, die Informationen/Themen beschreiben, die wie Unterkapitel von dem zentralen Thema abgehen. Von diesen Hauptästen erstrecken sich wiederum verschiedene Unteräste, die Unterkapitel der Hauptäste darstellen. Auf den verschiedenen Ästen stehen ein bis drei (Schlüssel-) Worte, die die jeweilige Information beschreiben. So entsteht eine flexible und schnell zu erfassende Strukturierung von Informationen und Themen, die jederzeit mit weiteren Ästen ergänzt werden kann. Die zusätzliche Verwendung von Farben und Bildern kann zur weiteren Differenzierung, Herstellung von Bezügen und schnell lesbaren Strukturierung genutzt werden.

MindMaps ermöglichen hohe Flexibilität

Praxis-Tipp:
MindMaps ermöglichen einigen Menschen mehr Kreativität bei der Suche nach Lösungen und verbessern die Gedächtnisleistung durch stärkere Einbindung der rechten Gehirnhälfte.

Gestalten Sie Ihr Zeitplanbuch so, damit Sie es gerne nutzen

Ob Tabellen oder MindMaps, entscheidend ist, dass Sie mit den Methoden arbeiten, die Ihnen zusagen und Ihnen helfen, Ihre Zeitplanung optimiert an *einer* Stelle zu fixieren. Keine lästige Suche mehr nach Notizen und Zetteln. Der regelmäßige Blick in Ihr Zeitplanbuch genügt und Sie haben alle relevanten Informationen.

Praxis-Tipp:
Sie sollten Ihr Zeitplanbuch so gestalten (Farben, Papierqualität etc.), dass Sie es wirklich gerne in die Hand nehmen. Denn Sie werden viel damit arbeiten.

Checklisten

Checklisten

Warum das Rad immer wieder neu erfinden? Bei wiederkehrenden Aufgaben, die Sie öfter zu erledigen haben, empfiehlt es sich, „Checklisten" anzulegen. Notieren Sie sich alle Arbeitsschritte und Teilaufgaben dieser Aufgaben auf einer Liste – einer Checkliste. Müssen Sie die Aufgabe erneut erledigen, müssen Sie sich nicht nochmals über die Bearbeitung Gedanken machen und können die Liste mit den Teilaufgaben einfach abarbeiten.

Alle erledigten Teilaufgaben werden auf der Liste abgehakt. Bis die ganze Checkliste und damit die Gesamtaufgabe erledigt ist. Checklisten eignen sich für einfache Aufgaben, bei denen sich die Rahmenbedingungen nicht oder nur wenig verändern, aber auch für komplexe Aufgaben, bei denen Sie nichts vergessen dürfen.

Mit Checklisten brauchen Sie sich keine Sorgen mehr machen etwas aus den Augen zu verlieren und haben alle nötigen Arbeitsschritte auf der Liste festgehalten. Einmal erstellt, können Sie immer wieder auf die Checklisten und die dort festgehaltenen optimierten Arbeitsschritte zurückgreifen.

Praxis-Tipp:
Nehmen Sie sich die Checklisten nach der vollbrachten Aufgabe noch einmal zur Hand und optimieren Sie die Liste an Hand der gewonnen Erfahrung: Waren alle Arbeitsschritte optimal? Wo kann man aus Fehlern lernen? Was kann man nächstes Mal besser machen?

Einmal erstellen, immer wieder davon profitieren

Praxis-Tipp:
Im Fachhandel erhalten Sie einzelne Checklisten, wie auch ganze Bücher mit bereits fertigen Listen für eine Vielzahl von Aufgaben.

Nutzen Sie die Vorarbeit anderer

Beispiel:
Mit einer Checkliste können Sie beispielsweise die Organisation eines Projekttages vorbereiten und so frühzeitig mit der Planung beginnen. Notieren Sie sukzessive alle zu erledigenden Arbeitsschritte (wie die Reservierung und/oder Vorbereitung von Räumlichkeiten, das Besorgen von benötigtem Material, das Einbinden und/oder informieren anderer Beteiligter etc.) und alle dafür wichtigen Informationen (Ansprechpartner und deren Telefonnummern etc.). Damit haben Sie weniger Hektik in der Endphase, erkennen frühzeitig mögliche Stolpersteine oder Engpässe und können darauf reagieren. Außerdem können Sie bei zukünftigen Projekttagen einfach auf Ihre Checklisten zurückgreifen. Sie werden sehen, der nächste Projekttag organisiert sich fast von alleine.

Nutzen Sie die Ressourcen Ihres Unterbewusstsein

Wie schon bei Ihrer abendlichen Tagesplanung nutzen Sie auch bei der Verwendung von Checklisten die Ressourcen Ihres Unterbewussten. Denn nach Erstellen der Checkliste arbeitet Ihr Unterbewusstsein weiter und erarbeitet vielleicht noch die ein oder andere Idee oder Optimierung.

Für Checklisten geeignete Aufgaben haben Sie nicht? Sind Sie wirklich sicher? Und selbst wenn Sie nur die Unterlagen, die Sie für eine bestimmte Art von Sitzung benötigen, auf einer Checkliste notieren: Ist es nicht angenehm, sich keine Gedanken zu machen, an was Sie alles denken müssen und trotzdem nichts zu vergessen? Oder fahren Sie nie in den Urlaub?

Ablageorganisation

Nun haben Sie wichtige Informationen wie Termine, To-Do- und Checklisten, Geburtstagslisten, Adressen usw. übersichtlich in Ihrem Zeitplanbuch. Schön wenigstens einen aufgeräumten Arbeitsbereich zu haben…?!

Aber natürlich passt nicht alles in Ihr Zeitplanbuch. Andere Akten, Dokumente, Schriftstücke und Materialien rauben Ihnen noch Zeit und verhindern effizientes Arbeiten indem sie sich zu unheiligen Allianzen auf Ihrem Schreibtisch und anderen Flächen verbünden: Den Stapeln.

„Es ist nie Zeit, etwas wegzuräumen, aber immer, um danach zu suchen.“
(Sandra Felton; dt. Autorin)

Vorsicht vor den Stapeln

Vielleicht kennen Sie dieses Phänomen ja auch: Zeit um die Stapel endlich mal zu entstapeln, findet sich nie. Zeit um die Stapel zum x-ten Mal zu durchsuchen, findet sich immer – zwangsläufig.

Machen Sie Schluss damit! Sparen Sie sich die Suchzeit und schaffen Sie die Rahmenbedingungen um Schriftstücke schnell zur Hand zu haben: ein gut funktionierendes Ablagesystem.

Ein gutes Ablagesystem ist bequem

Ihr Ablagesystem sollte vor allem eins sein: bequem! Eine bequeme Ablage senkt automatisch die Schwelle zum Anlegen neuer Vorgänge. Außerdem fällt es Ihnen leichter ein Dokument abzulegen, wenn es nicht nur geringer Aufwand ist, sondern Sie auch wissen, dass Sie es mühelos wieder finden.

Was in einer guten Ablage keinen Platz findet ist Müll

Und noch ein weiterer positiver Nebeneffekt: Was in einem guten Ablagesystem keinen Platz findet, entlarvt sich leichter als Papiermüll!

Grundprinzipien einer guten Ablageorganisation:

- Sie ist nur eine Armlänge entfernt, sodass Sie im Sitzen darauf zugreifen können.

Hängeordner statt Ringordner

- Sie ist bequem und schnell, d.h. wenn möglich, sind Dokumente lose, nicht geheftet abgelegt – z.B. in Hängeordnern. (In Zahlen: Um ein Blatt in einem Ordner abzulegen, brauchen Sie 13 Handgriffe, bei der Loseblattablage sind es nur 6!)

Eine Ablage ist lebendig

- Sie ist kompakt, überschaubar und lebendig: Dokumente kommen hinzu und fallen weg – die Ablage enthält nur aktuelle Arbeitsunterlagen.
- Andere Dokumente, Nachschlage- und Archivakten gehören an weiter entfernte Ablageorte im Büro. Dort ebenfalls nicht gestapelt, sondern in Ordnern oder offenen Stehsammlern.
- Verschiedenen Bereichen sind verschiedene Farben zugeordnet. Innerhalb der einzelnen Bereiche sind

die Mappen nach Stichwörtern von A–Z geordnet, sodass jederzeit neue Mappen in die Ablagesystematik eingefügt werden können.

- Diese Stichwörter sind konkret, präzise und aussagekräftig.
- Mappen und sonstiges Zubehör zur Erstellung neuer Vorgänge sind ebenfalls in Griffreichweite.

Verwenden Sie aussagekräftige Stichwörter

Wie schon bei den Hinweisen zu Ihrem Zeitplanbuch gilt natürlich auch hier: Halten Sie sich nicht sklavisch an diese Tipps. Diese Prinzipien haben sich als klar hilfreich für die meisten Personen herausgestellt. Daher probieren Sie sie aus und finden Sie dann *Ihren* Weg.

Zwischenablagen

Zwischenablagen sind in besonderem Maße gefährdet zu verschlammen, d.h. schnell große unübersichtliche (und oft unnütze) Massen an Papier anzusammeln.

Vorsicht vor Papierschlamm

Praxis-Tipp:
Verwenden Sie so wenig Zwischenablagen wie möglich. Verzichten Sie auf Ablagen und/oder Pultordner zum Vorordnen der eigentlichen Ablage.

Bringen Sie Leben in Ihre Zwischenablage

Verwenden Sie Zwischenablagen wie beispielsweise ein Wiedervorlagesystem, bringen Sie Leben in Ihre Zwischenablage. Denn: Ablagen in denen Stillstand herrscht, verschlammen! Achten Sie daher darauf, dass Sie alle Zwischenablagen im Zuge Ihrer Arbeit anpacken, entleeren und weiterverarbeiten.

Praxis-Tipp:
Bemerken Sie, dass in Ihren Zwischenablagen zu wenig Leben ist und sich zu viele Papiere zu lange festsetzen? Planen Sie regelmäßig 10-15 Minuten zur Bearbeitung speziell dieser Ablagen ein. Was auch in dieser Zeit weder bearbeitet werden kann, noch ein zu Hause findet, kann offensichtlich entsorgt werden.

Papierkorb

Verstehen Sie den Papierkorb als Freund. Er will Ihnen nichts wegnehmen, er will Sie von etwas befreien.

Überwinden Sie Ihre Urinstinkte. Weg mit dem Jäger- und Sammlertrieb. Befreien Sie sich von der Idee alles aufzuheben, weil Sie es irgendwann ja vielleicht einmal gebrauchen könnten.

Nahezu jede Information lässt sich erneut beschaffen

Im Zeitalter von Telefon, E-Mail und vor allem Internet, lässt sich nahezu jede Information wieder beschaffen. Und den Informationen, die Sie für besonders wertvoll halten oder von denen Sie glauben, sie nicht einfach wiederbekommen zu können, sollten Sie gleich ein konkretes neues Zuhause in Ihrer Ablage geben. Denn wenn Sie keine Idee haben, wohin mit

der Information, wissen Sie offensichtlich auch nichts mit der Information anzufangen. Und sollte eine Information für mehrere Vorgänge interessant sein, kopieren Sie diese oder legen Sie in die anderen Ablagen einen Vermerk, wo die Information zu finden ist. Das ist immer schneller, als Stapel zu durchsuchen.

Geben Sie allem gleich einen konkreten Platz

Zwei-Fragen-Technik

Sie zählen zu den ganz unentschlossenen Wegwerfern?

Sie treffen schneller eine wichtige Entscheidung, als die Entscheidung was und wohin mit dem neuen Büroartikelkatalog? Dann versuchen Sie folgende Technik:

Entscheiden Sie mit der Zwei-Fragen-Technik schneller wohin mit Schriftstücken und Dokumenten, die kein eindeutiges Zuhause in Ihrer Ablage haben. Stellen und beantworten Sie sich bei jedem Schriftstück folgende zwei Fragen:

Zwei-Fragen-Technik

1. Muss oder will ich mit dem Schriftstück etwas tun?

Wenn NEIN, werfen Sie es *direkt* weg bzw. legen es *direkt* an einem Ort ab, an dem Sie das Schriftstück nicht mehr behindert – z.B. in einen Ständer für Kataloge oder an einem Ort an dem Sie Schriftstücke archivieren. Dies sollte aber nicht in der unmittelbaren Nähe des Schreibtischs sein. Und noch weniger sollte es auf dem Schreibtisch sein! Allerdings sollten Sie natürlich auch solche Orte regelmäßig ausmisten. Also überlegen Sie genau.

Wenn JA, stellen Sie sich die nächste Frage:

2. Was ist meine nächste Aktion?

Entscheiden Sie sofort

Damit stellen Sie sicher, dass Sie das Schriftstück nicht einfach ablegen um „später zu entscheiden“. All zu leicht verbindet sich das Schriftstück dann nämlich mit anderen Dokumenten zu einem der erwähnten Stapel. Oder Sie verlieren zumindest dadurch Zeit, dass Sie das Schriftstück noch einmal zur Hand nehmen müssen. Die Frage nach der nächsten Aktion hilft Ihnen dabei, nichts aus der Hand zu legen, ohne den Vorgang in eine hilfreiche Richtung gelenkt oder sogar einen kleinen Schritt weitergebracht zu haben.

Nichts aus der Hand legen, ohne es voranzubringen

Natürlich gilt es dann die Aktion (oder zumindest erste Schritte der Aktion) auch gleich umzusetzen oder konkret zu planen, wann Sie das tun. Sie werden sehen: Wenn die einzige Alternative zum Wegwerfen eine Aktion ist, wird der Papierkorb plötzlich auch zu Ihrem Freund.

Praxis-Tipp:
Das Prinzip lässt sich übrigens auch hervorragend auf die Bearbeitung Ihrer E-Mails übertragen!

Vormülleimer

Vormülleimer

Sollte Sie selbst diese Beziehungsarbeit dem Papierkorb noch immer nicht näher gebracht haben, versuchen Sie folgende Methode:

Nehmen Sie sich einen Behälter. Darf ich vorstellen? Dieser ist nun ihr „Vormülleimer“. Legen Sie Dokumente, bei denen Sie noch nicht vollständig zum Wegwerfen entschlossen sind, in diesen Vormülleimer. Dort haben Sie notfalls noch Zugriff auf das Material. (Und beachten Sie, wie selten dieser „Notfall“ eintreffen wird…)

Festes Datum zum leeren des Vormüll-eimers

Beschließen Sie ein festes Datum, wann Sie den Vormülleimer leeren (ca. alle vier Wochen). Leeren Sie konsequent den Vormülleimer an diesem Tag. Alles was sich bis dahin noch in dem Vormülleimer befindet, haben Sie offensichtlich nicht benötigt. Es ist Müll und kann nun endgültig weg.

Praxis-Tipp:
Nehmen Sie als Termin zum Leeren des Vormülleimers am besten den Vortag vor der Abholung des Altpapiers. Damit haben Sie nicht nur gleich den Müll entsorgt, sondern haben auch einen regelmäßigen Termin, an dem Sie erinnert werden.

2. Stufe: Effektiv ans Werk

Die richtigen Dinge tun

Häufig wird in der Umgangssprache nicht oder nur unzureichend zwischen Effizienz und Effektivität unterschieden. Dabei ist der Unterschied von hoher Bedeutung. Während effizientes Handeln meint, die Dinge richtig – eben effizient – zu tun, meint effektives Handeln die richtigen Dinge zu tun.

Konzentration auf das wirklich Wichtige

Denn es hilft Ihnen nichts unwichtige Dinge effizient abzuarbeiten, wenn Sie dabei Ihre Ziele aus den Augen verlieren. Setzen Sie sich Ziele, um sich auf das zu konzentrieren, was für Sie wirklich wichtig ist.

Zielplanung

Stellen Sie sich einmal ein Radrennen vor. Nehmen wir z.B. die Tour de France. Zwei Radrennfahrer treten gegeneinander an: Der dominierende Topstar einerseits und ein schmächtiger Hobbyfahrer andererseits. Der Hobbyfahrer kennt die Strecke und weiß, wo das Etappenziel ist, der Profifahrer weiß das nicht. Was wird passieren? Der Profi wird richtig Gas geben, eine enorme Geschwindigkeit erreichen, viele Kilometer durch die Gegend fahren und die Etappe trotzdem nicht beenden können. Wer „immer der Nase nach fährt“, der hat eben nur eine Zufallschance anzukommen. Der Hobbyfahrer wird viel langsamer

fahren, aber auf dem direkten Weg zum Ziel. Er ist zwar weniger leistungsfähig, weniger talentiert und vielleicht auch weniger bemüht – aber er kommt auf dem direkten Weg zum Ziel und vermeidet Irrwege.

„Der Langsamste, der sein Ziel nicht aus den Augen verliert, geht immer noch schneller als der, der ohne Ziel herumirrt."
(Gotthold Ephraim Lessing)

Ziele: Ihr Kompass zum Erfolg

Um die richtigen Dinge zu tun, also effektiv zu handeln, ist die Zielplanung der Schlüssel – oder noch besser der Kompass – der Sie zum Erfolg führt.

Ziele helfen Ihnen auch im hektischen Alltag den richtigen Weg einzuschlagen und beizubehalten. Hinterfragen Sie stets Ihre Handlungen und Möglichkeiten danach, ob diese Sie Ihren Zielen näher bringen und handeln Sie dann entsprechend.

Neben diesem bewussten Prozess haben Ziele auch eine Wirkung auf Ihr Unterbewusstes: Wer bewusst Ziele hat und diese verfolgt, richtet auch die Kräfte seines Unterbewusstseins auf sein Tun aus (Selbstmotivation und Selbstdisziplin).

Doch der Alltag, und damit oft verbunden das Denken in Einzelaufgaben, verleitet dazu, sich in Details und Routine zu verlieren und dabei den Blick für den großen Entwurf einzubüßen.

> Schon der römische Philosoph Seneca wusste:
> *„Ein Schiff, das seinen Hafen nicht kennt, für das ist kein Wind günstig."*

Kein Erfolg ohne Anstrengung

Effektive Zielplanung ist aber etwas anderes als ein fröhliches „Wünsch Dir was". Echte Ziele erfordern den Willen sich anzustrengen, um sie zu erreichen.

Doch auch Anstrengung alleine, genügt nicht. Sehr häufig wird versucht, Unzulänglichkeiten in der Zielplanung durch besonders eifriges und effizientes Arbeiten auszugleichen, frei nach dem Motto:

> *„Nachdem wir das Ziel endgültig aus den Augen verloren hatten, verdoppelten wir unsere Anstrengungen."*
> (Mark Twain)

Derartige Anstrengungen können die schlimmsten Auswüchse zwar verhindern, aber ein gutes Ergebnis kann – vor allem wenn schon die Grundausrichtung des Projektes nicht zielführend gewählt wurde – auch durch noch so große Anstrengungen nicht mehr erzielt werden. Wenn ich in die falsche Richtung gehe, ist es nun mal nahezu egal, wie schnell ich bin. Denn das Ziel werde ich ohne gegenzusteuern so nicht erreichen.

Deswegen ist es wichtig, seine Ziele nicht aus den Augen zu verlieren und eine gute und vollständige

Zielplanung vorzunehmen. Denn Ziele helfen dabei, die *richtigen* Dinge zu tun:

Kein Erfolg ohne Planung

- Ziele helfen Handlungsoptionen zu bewerten und Entscheidungen zu treffen.
- Ziele richten auch unbewusste Kräfte auf Ihr Handeln aus.

Kräfte des Unterbewusstsein nutzen

- Bisher unrealisierbar erscheinende Wünsche zeigen sich umsetzbar, sobald Sie über konkrete Schritte auf dem Weg zum Ziel nachdenken.
- Wirklich nicht realisierbare Wünsche werden klar. Das mag zunächst nicht immer leicht fallen. Aber es schützt vor Enttäuschungen und hilft Kräfte für wichtige Ziele zu bündeln. (Und Träume sind immer erlaubt.)

Klarheit und Motivation bekommen.

- Ziele schenken Motivation. Denn neben dem *was* Sie tun, gewinnt das *wozu* Sie es tun an Bedeutung.

Der Weg zur Formulierung von echten Zielen ist in drei Schritten aufgebaut:

Der Dreier-Schritt zu Ihren Zielen

1. Zielfindung/Zielanalyse (Was will ich?)
Was sind meine Wunschziele?
(Wenn die gute Fee kommt...)

2. Situationsanalyse (Was kann ich?)
Was sind Stärken, was sind Schwächen und wie sind die Rahmenbedingungen?

3. Zielformulierung/Zielplanung
(Was nehme ich mir vor?)
Was sind meine Handlungsziele?

Zielfindung

1. Zielfindung: Was will ich erreichen?

- Erstellen Sie sich eine Wunschliste, in der Sie sowohl persönliche, als auch berufliche Träume notieren. Denken Sie an diesem Punkt noch nicht über die Umsetzung oder Realisierbarkeit nach!

Situationsanalyse

2. Situationsanalyse: Was kann ich? Welche Ressourcen habe ich?

- Was sind Ihre Stärken?
- Was sind Ihre Schwächen?
- Dann, konkreter: Welche Erfolge und Misserfolge hatten Sie bisher – persönlich und beruflich?
- Daraus folgend: Welche Fähigkeiten haben Ihnen zu Ihren Erfolgen verholfen?
- Welche Fähigkeiten und Ressourcen haben Ihnen bei Ihren Misserfolgen gefehlt?

Machen Sie nun Ihre persönliche „Ziel-Mittel-Analyse“, indem Sie sich Ihre unter 1. erstellte Liste unter dem Aspekt der Umsetzbarkeit betrachten. Überlegen Sie sich zu jedem Wunschziel der Liste:

- Haben Sie die notwendigen Mittel zur Umsetzung?
- Welche Ressourcen fehlen Ihnen vielleicht noch?
- Können Sie diese Ressourcen beschaffen – wenn ja, wie?

Rahmenbedingungen beachten

Analysieren Sie anschließend die Rahmenbedingungen: Mit welchen Ereignissen können oder müssen Sie in den nächsten Jahren rechnen? Berücksichtigen Sie dabei ebenfalls wichtige Bezugspersonen wie Kinder,

Partnerinnen und Partner, Vorgesetzte oder Kollegen und Kolleginnen.

3. Zielplanung: Was werde ich persönlich konkret in Angriff nehmen – und wie sehen die einzelnen Schritte dazu aus?

Zielplanung

- Planen Sie nun konkret die Umsetzung der nach der Analyse beschlossenen Ziele (die aus der Liste der Wünsche hervorgegangen sind).
- Überprüfen, aktualisieren und ergänzen Sie Ihre Ziele regelmäßig! Schon die Beschäftigung mit Ihren Zielen wird Sie motivieren.

S.M.A.R.T. ans Ziel

Echte Ziele sind SMART

Nun kennen Sie den Dreier-Schritt zur Zielplanung. Doch um daraus kein Wunschkonzert, sondern nichts weniger, als die strategische Planung Ihrer Zukunft zu machen und die nach der Situationsanalyse (2. Schritt) gefundenen Ziele so aufzustellen, dass sie motivierend und in der Planung (3. Schritt) auch wirklich bearbeitbar und anschließend kontrollierbar sind, sollten Sie auf die Kriterien zur Formulierung eines Ziels achten – die S.M.A.R.T.-Kriterien:

S pezifisch-konkret (präzise und eindeutig formuliert)

M essbar (quantitativ oder qualitativ)

A ttraktiv[3] und aktionsorientiert (positiv und handlungsorientiert formuliert, motivierend)

R ealistisch (das Ziel muss für mich erreichbar sein)

T erminiert (bis wann…?)

Ziele sind spezifisch-konkret

Spezifisch-konkret bedeutet, unmissverständlich zu benennen, worum es geht. Dabei gilt es vor allem zu vermeiden, dass man sich nach Art von Diplomaten, auf unverbindliche „allgemeine Formulierungen“ einigt, mit denen alle leben können, nur um unterschiedliche Auffassungen zu befriedigen (Formelkompromisse) oder sich selbst nicht zu sehr festlegen zu müssen. Doch vermeiden Sie den Irrglauben, wenn Sie sich nicht zu sehr festlegen, hätten Sie mehr Bewegungsfreiraum und könnten so flexibel reagieren und steuern. Denn wohin wollen Sie denn steuern? Sie werden sicherlich nicht den Motor überlasten und

---

[3] Gelegentlich findet man auch das Kriterium „anspruchsvoll“ an Stelle von „attraktiv und aktionsorientiert“. Der Gedanke eines anspruchsvollen Zieles geht nach Meinung der Autoren jedoch mit einem attraktiven und realistischen Ziels einher.
Seltener findet man auch „akzeptiert“ als “Übersetzung” des „A“ – dies ist vor allem bei Teamprozessen relevant, bei denen das Gruppenziel von allen Teammitgliedern akzeptiert sein sollte.

auch nicht gegen die Wand fahren. Denn Sie können – wie bei einer Rundfahrt – ja mal den einen und mal denn anderen Weg einschlagen. Nur nichts zu schwieriges oder riskantes. Auch schön. Doch finden Sie so den Weg ins Ziel bestenfalls per Zufall. Wollen Sie Ihre Zukunft nicht dem Zufall überlassen, *müssen* Sie sich jedoch festlegen und das Ziel konkret festsetzen, um es greif- und so auch erreichbar (und letztlich auch kontrollierbar) zu machen. Natürlich sind Ziele dynamisch und können sich verändern. Aber nur konkrete Ziele sind bearbeitbar.

In Gruppenprozessen müssen unterschiedliche Zielvorstellungen benannt, diskutiert und im Konsens gelöst werden, bevor die Planerinnen und Planer in die Maßnahmenplanung einsteigen. Derartige ungeklärte Zielkonflikte kommen anderenfalls in der Detailarbeit immer wieder hoch und belasten diese erheblich.
Und: Je konkreter das Ziel, desto konkreter die Vorstellung des Zielzustandes und desto höher die Motivation zur Erreichung des Ziels!

Ziele sind messbar

Messbar bedeutet, Ziele so zu formulieren, dass später objektiv erkennbar ist, ob ein Ziel erreicht wurde oder nicht. Eine Zielformulierung „Wir wollen für unseren Verein eine große Anzahl neuer Mitglieder gewinnen“ lädt förmlich zu der unfruchtbaren Diskussion ein, ob man nun erfolgreich war oder nicht. Bei einer Zielformulierung „Wir wollen 20 neue Mitglieder gewinnen“ wird eine solche Diskussion nicht stattfinden. Bei der Benennung der genauen Zahlen können in Gruppenprozessen auch unterschiedliche Erwartungshaltung der Gruppe erkannt, konstruktiv diskutiert und einvernehmlich geklärt werden.

Außerdem schützt eine klare Messbarkeit vor Selbstbetrug.

Attraktiv und aktionsorientiert bedeutet, das Ziel so zu formulieren, dass sich die attraktive Wirkung des Zielzustandes, sowie die Handlung zur Erreichung des Zielzustandes entfalten können und sich so die Motivation zur Erreichung des Ziels erhöht. Dazu gibt es zwei Möglichkeiten:

Eher handlungsorientierte und selbstdisziplinierte Menschen, die diese Stärken auch nutzen, sobald sie erst einmal ein attraktives Ziel vor Augen haben, sollten mit so genannten Zielbildern, also Vorstellungen des Zielzustandes, arbeiten. Dazu ist es wichtig, bei der Zielformulierung bereits den beabsichtigten Endzustand zu beschreiben, so als ob er bereits eingetreten wäre:

Ziele sind attraktiv und aktions-orientiert

„Wir haben 20 neue Mitglieder gewonnen.“ „Wir haben 1.000 Euro zusätzliche Spendengelder eingeworben.“ Wir haben unseren Gewinn um 5% gegenüber dem Vorjahr gesteigert.“

Personen mit guter Vorstellungskraft und guten Visualisierungsfähigkeiten, die sich gut in den Zielzustand einfühlen können und bei denen es eher darum geht, in die Handlung zur Zielerreichung zu kommen, sollten auch eine handlungsorientiertere Formulierung verwenden. Also eine Formulierung, bei

der die Handlung zur Zielerreichung noch nicht als abgeschlossen formuliert wird:

„Wir gewinnen 20 neue Mitglieder. Wir werden 1.000 Euro zusätzliche Spendengelder einwerben. Wir werden unseren Gewinn gegenüber dem Vorjahr um 5% steigern."

Diese Motivationswirkung wird durch negative Zielformulierung („Ich will nicht mehr Fernsehen gucken!") zerstört. Denn unser Gehirn kann das Wort „nicht" zwar analytisch kognitiv, aber nicht visuell verarbeiten.

Formulieren Sie positiv

Beispiel:
Denken Sie jetzt einmal *nicht* an einen rosa Elefanten!

Sehen Sie... Sie sehen ihn. Gleiches gilt auch für „besser"/„mehr"-Formulierungen („Ich will zukünftig besser planen, bevor ich anfange zu arbeiten."), denn diese enthalten bereits ein Negativurteil über die aktuelle Situation.

Verankern Sie auf keinen Fall negative Vorstellungen. Diese rauben Ihnen nur Motivation und erschweren die Ausgangslage.

Um attraktiv zu sein und eine positive Motivationswirkung zu erzeugen, muss das Ziel natürlich auch eine Herausforderung sein. (Die Gewinnung eines neuen Mitgliedes innerhalb der nächsten fünf Jahre wäre nicht attraktiv (genug) und würde wohl kein Vereinsmitglied zur Aktion/Tat schreiten lassen).

Ziele sind realistisch und anspruchsvoll

Realistisch bedeutet, Ziele zu formulieren, die Sie durch *Ihr* Verhalten und *Ihre* Aktionen aktiv beeinflussen können. Natürlich spielen auch immer externe Faktoren eine Rolle, aber Sie sind nicht nur Zuschauerin bzw. Zuschauer: *Ihr* Handeln ist ein bedeutender Erfolgsfaktor. Wichtig ist auch, dass Sie sich keine unerreichbaren Ziele setzen, denn dieses würde Sie demotivieren und ihren Handlungsantrieb zerstören. Aber, wie eben bereits dargestellt: Ziele dürfen/müssen anspruchsvoll sein. Ihre Ziele sollen Sie zu Höchstleistungen bewegen.

> *„Wer all' seine Ziele erreicht, hat sie wahrscheinlich zu niedrig gewählt".*
> (Herbert von Karajan)

Terminiert bedeutet, die Zielkontrolle dadurch zu unterstützen, dass Sie sich bereits bei der Formulierung der Ziele festlegen, zu welchem Zeitpunkt Sie Ihre Ziele erreicht haben wollen. Dies erhöht auch die Motivation ins Tun zu kommen, also zu Handeln, da es Ausflüchte wie „Irgendwann..." verhindert.

Ziele sind terminiert

Und nur um keine falschen Illusionen zu wecken: Ohne Tun können Sie Ihre Ziele erneut nur durch Freund Zufall erreichen. Wem das nicht genügt, hat mit s.m.a.r.t. formulierten Zielen bearbeitbare Ziele und kann nun seine Handlungen zur Zielerreichung planen.

Beispiel für eine **s.m.a.r.t.e** Zielformulierung:

Am 31.12.2010 hat unser Verein die „Freunde von Gelb-grün-gestreiften Krawatten in Mainz e.V.“ 30 neue Mitglieder gewonnen, die ihren satzungsgemäßen Beitrag pünktlich bezahlen und an den Vereinssitzungen in der typischen Vereinstracht (Gelb-grün-gestreifte Krawatten) teilnehmen.

Oder

Unser Verein, die „Freunde von Gelb-grün-gestreiften Krawatten in Mainz e.V.“ wird bis zum 31.12.2010 30 neue Mitglieder gewinnen, die ihren satzungsgemäßen Beitrag pünktlich bezahlen und an den Vereinssitzungen in der typischen Vereinstracht (Gelb-grün-gestreifte Krawatten) teilnehmen.

Zwischenziele

Sie wissen jetzt um die Bedeutung von Zielen. Und jetzt?
Nehmen wir das Beispiel, Sie haben sich das Ziel gesetzt: „Am 31.12.2020 will ich Papst sein.“

Schritt für Schritt mit Zwischenzielen

Anhand dieses Zieles können Sie Ihrem Leben zwar schon eine gewisse grundsätzliche Orientierung geben. Sie wissen jetzt z.B., dass es nicht klug wäre, zum Buddhismus zu konvertieren. Unter den derzeitigen Rahmenbedingungen wäre es für Sie auch keine gute Idee zu heiraten. Doch welche konkreten Schritte Sie für morgen und die nächste Woche planen müssen, um Ihrem Fernziel näher zu kommen, das wissen Sie noch nicht.

Deshalb ist die „Salami-Taktik“ für die Zeit- und Zielplanung von großer Bedeutung. Sie zerlegen alle größeren Ziele, Vorhaben und Projekte in kleine „Scheiben“ bzw. „Zwischen-Ziele“ oder Aktivitäten, die Sie dann sukzessive Stück für Stück abarbeiten können, um so Ihr (Fern-) Ziel zu erreichen.

Die Salami-Taktik

In der Ziel-, wie auch Projektplanung nennt man diese Zwischenziele häufig „Meilensteine“. Denn sie zeigen Ihnen auch an, wie weit Sie auf Ihrem Weg zum Ziel bereits vorangeschritten sind.

Meilensteine

Schon der berühmte französische Wissenschaftler René Descartes formulierte 1637 eine Methode der effektiven Zielplanung, die bis heute gültig ist – Rationelles Arbeiten nach Descartes:

1. Formuliere das Ziel (Problem, Projekt) schriftlich.
2. Zerlege die Gesamtaufgabe in einzelne, kleine Teile.
3. Ordne die Teilaufgaben nach Prioritäten und Terminen.
4. Erledige alle Aktivitäten und kontrolliere das Ergebnis.

„Auch der längste Marsch beginnt mit dem ersten Schritt.“
(Chinesisches Sprichwort)

Praxis-Tipp:
Verstehen und behandeln Sie Zwischenziele wie andere (Fern-) Ziele – d.h. formulieren Sie diese ebenfalls nach den S.M.A.R.T.-Kriterien und kontrollieren Sie diese „Meilensteine". Ist ein Meilenstein nicht oder nicht zum angestrebten Zeitpunkt erreicht, analysieren Sie warum und steuern Sie nach. So können Sie frühzeitig Optimierungsbedarf in Ihrem Handeln erkennen und nachjustieren.

Auch für Zwischenziele gilt: Echte Ziele sind SMART

Strategische Planung

Langfristige strategische Planung

So wichtig die gewissenhafte Erledigung Ihrer Tagesplanung ist, Ihnen wird in dem Abschnitt über Ziele klar geworden sein, dass sich Ziele nicht an einem Tag erreichen lassen. Daher bedarf es einer langfristigen strategischen Planung.

Formulieren Sie Jahresziele

Formulieren Sie an Hand Ihrer Ziele Jahresziele. Was wollen Sie im nächsten Jahr erreichen? Wie (und wie weit) wollen Sie auf dem Weg zu Ihren Fernzielen vorankommen? Es versteht sich von selbst, diese Jahresziele s.m.a.r.t. zu formulieren. Mit Ihren Jahreszielen haben Sie Zwischenziele, die Ihnen Orientierung geben, Sie bei der Planung konkreter Schritte unterstützen und Ihnen Zwischenkontrollen ermöglichen. Wenn es für Sie hilfreich ist, brechen Sie die Jahresziele zusätzlich zu Quartalszielen herunter. So haben Sie noch kleinere (und daher vielleicht konkretere) Schritte. Ebenso kann es sich als hilfreich erweisen zusätzlich 3- oder 5-Jahresziele zu erstellen.

Auch 3- oder 5-Jahresziele können hilfreich sein

Dies ist letztlich von Ihrem persönlichen Rahmenbedingungen (Planungshintergrund) und Vorlieben abhängig. Machen Sie keine Religion daraus. Probieren Sie aus. Und arbeiten Sie so, wie es für Sie stimmt. Entscheidend ist, s.m.a.r.t.e Ziele als effektives Mittel zur langfristigen strategischen Planung zu erkennen und zu nutzen.

Planen Sie Ihre Woche

Neben dieser langfristigen Planung und der kurzfristigen Planung Ihrer Tagesarbeit sollten Sie jedoch in jedem Fall noch ein mittelfristiges Planungsinstrument nutzen: Die Wochenplanung. Eine Woche ist – ähnlich wie ein Tag – recht gut überschaubar, verhindert aber, dass Sie sich im Klein-Klein der Tagesarbeit verlieren. Planen Sie welche Aufgaben Sie in der nächsten Woche erledigen wollen. So können Sie die Entscheidung an welchem Tag Sie welche Aufgabe bearbeiten auch besser an die Terminsituation des jeweiligen Tages anpassen. Außerdem erkennen Sie so besser Synergieeffekte – also wo und wie Sie welche Aufgabe am besten mit welchem Termin oder mit welcher anderen Aufgabe erledigen können.

Proaktivität

Handeln Sie selbstbestimmt

Um Ihre Ziele zu erreichen und Ihre strategische Planung umzusetzen, müssen Sie selbstbestimmt handeln: Sie müssen proaktiv sein.

Natürlich. Versteht sich doch von selbst. Braucht man kein weiteres Wort darüber zu verlieren. Wäre schön, ist aber leider nicht so.

All zu oft gestalten Menschen Ihr Leben nicht selbst. Wie amerikanische Forschungen ergaben, schlüpfen sie stattdessen in eine von drei Rollen, die eine echte Selbstbestimmung verhindert. Die Transaktionsanalyse (TA)[4] beschreibt dies anschaulich mit dem Modell des sogenannten „Dramadreieck“[5]:

Dramadreieck

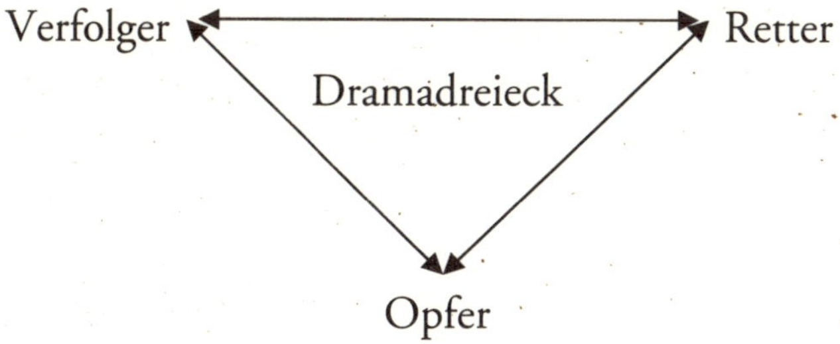

Alle drei Rollen sind schädlich und verhindern selbstbestimmtes, proaktives Handeln.

Rollen, die uns von selbstbestimmtem Handeln abhalten

Der Verfolger bzw. die Verfolgerin drückt die Verantwortung stets weiter und gibt anderen die Schuld für Misserfolge. Wären nicht die anderen, wäre das Projekt nicht gescheitert oder hätten die Pläne geklappt. Er bzw. sie *reagiert* mit jammern, beschimpfen und anklagen, statt zu *agieren*.

Der Retter bzw. die Retterin liebt es anderen zu Helfen und für andere einzuspringen – oft ohne gefragt zu werden. Wirkt die Rolle vielleicht zunächst edel, verhindert jedoch auch diese Rolle selbst-

[4] Durch Eric Berne (1910-1960) in den Vereinigten Staaten begründetes psychotherapeutisches Verfahren.
[5] Erstmals beschreiben durch Karpman, Stephen: Fairy Tales and Script Drama Analysis, 1968, S.39-43

bestimmtes Handeln. Statt nachzudenken, was langfristig für das eigene Leben richtig wäre, *reagiert* eine Person in dieser Rolle auf Selbstmitleid von Opfern. Oft mit blankem Aktivismus. Einfach aktiv werden, statt abzuwägen, was das Richtige wäre. Und das ganz ohne schlechtes Gewissen, denn es ist ja selbstlos… aber manchmal auch nur die Flucht vor dem eigenen Innehalten. Retter und Retterinnen laufen Gefahr Ihre Bestätigung und Identität nur aus dieser Hilfe zu ziehen und machen es Opfern einfach in ihrer Opferrolle zu verharren. Denn der nächste Retter, die nächste Retterin, kommt ja bestimmt.

Das Opfer verhindert eigenes proaktives Handeln, indem es im Selbstmitleid ertrinkt. Schuld sind immer die anderen. Doch entgegen der vorwurfsvollen Reaktion des Verfolgers/ der Verfolgerin *reagiert* das Opfer darauf schüchtern, hilflos und abhängig von anderen. Das Opfer ist das arme Schwein, das statt zu *agieren* sich lieber im Unglück suhlt.

Rollen können wechseln

Auch wenn Menschen meist eine bevorzugte Rolle haben, sind die Rollen nicht festgeschrieben. Manche Menschen wechseln innerhalb kürzester Zeit innerhalb dieser Rollen. Dabei verführt die Übernahme einer dieser Rollen oft das Umfeld zur Einnahme einer komplementären Rolle.

Übername einer Rolle drängt oft auch andere in Rollenannahme

Entscheidend ist, dass alle drei Rollen ein selbstbestimmtes agieren verhindern. Daher brechen Sie aus, aus dem Dramadreieck! Beenden Sie das reagieren. Werden Sie zum selbstbestimmten Gestalter. Zum Gestalter Ihrer Zukunft und Ihre Lebens!

Prioritäten

Selbstbestimmtes, proaktives Handeln. Strategische Planung und das systematische Hinarbeiten auf Ziele.

Klingt gut. Doch sieht so wirklich der Alltag aus? Was tun wir? Das was strategisch wichtig ist? Nein. Wir tun das, was dringend ist.

Unterscheiden Sie zwischen dringendem und wichtigem

Dass dies eine strategische Planung nahezu unmöglich macht, versteht sich von selbst. Also was tun in der Hektik des Alltags?

Unterscheiden Sie zwischen Dringlichkeit und Wichtigkeit. Diese unterscheiden sich fundamental voneinander.

Dringende Aufgaben entstehen durch externen Druck und tragen meist wenig zu Ihrer Zielerreichung bei. Doch wichtig ist, was *Ihnen* weiterhilft.

Wichtige Aufgaben erfordern ein selbstgesteuertes Agieren, das Sie Ihrem Erfolg, Ihren Zielen, näher bringt. Es gilt daher Ihre Aufgaben (neu) zu bewerten und die richtigen Prioritäten zu setzen.

Setzen Sie die richtigen Prioritäten

Denken Sie an unser Beispiel mit den beiden Radfahrern. Stellen Sie sich vor, der eine von beiden fährt mit einem platten Reifen. Von den Streckenposten angesprochen, warum er denn nicht seinen

Reifen wechselt, würde er stöhnend antworten: „Dafür habe ich keine Zeit. Ich habe es doch eilig."

Konzentrieren Sie Ihre Energie auf wichtiges

Häufig nehmen wir uns im Alltag nicht genug Zeit für die wirklich wichtigen Dinge in unserem Leben – egal ob beruflich oder privat. Stattdessen schenken wir den dringlichen, aber weniger wichtigen Dingen, unsere Aufmerksamkeit und Energie.

Wir lassen uns viel zu häufig von der Dringlichkeit unserer Arbeit vereinnahmen, die uns scheinbar keine Zeit für anderes lässt. Wie unser Radfahrer. Er unterwirft der Dringlichkeit des Fahrens das Wechseln seines Reifens. Wichtiger wäre es, den Reifen zu wechseln und so wieder mehr Gas geben zu können. Es wäre der *effektivere* Weg das Rennen zu gewinnen. Zugegeben: Das Beispiel erscheint etwas konstruiert, aber denken Sie mal an Ihren Alltag: Haben Sie nicht auch schon oft das wirklich Wichtige dem Dringlichen untergeordnet?

Im Zeitmanagement spricht man vom „Pizza-Taxi-Effekt"[6]: Sie haben sich entschieden eine schöne, saftige Pizza zu bestellen. Nun wo Sie sich entschieden haben, wollen Sie die Pizza natürlich sofort. Genau wie die anderen Anrufer und Anruferrinnen auch.

[6] Seiwert, Lothar J.: Wenn du es eilig hast, gehe langsam, 8. Auflage, 2003, S. 169ff

Vergleichbar der Pizza-Taxi-Manier existiert ein ähnlicher Dringlichkeitswahn auch vielen anderen Bereichen unserer Gesellschaft. Alles muss sofort sein.

Unterwerfen Sie sich nicht diesem Dringlichkeitswahn! Fragen Sie sich stets: Ist es nur dringend oder ist es auch wirklich wichtig? Die Konzentration auf das Wichtige statt auf das Dringende ist für Ihre persönliche Arbeitsorganisation von elementarer Bedeutung. Natürlich können sie dringende Aufgaben sehr *effizient* erledigen (gerade auch mit dem Zeitmanagement der ersten Stufe). Doch ist es auch *effektiv*? Bringt es Sie wirklich Ihren Zielen näher? Oft nicht. Denn bei dringenden Dingen reagieren Sie nur, bei wichtigen Dingen hingegen agieren Sie.

Dringlichkeit durch externen Druck

Doch so einfach ist das im Alltag leider nicht. Denn Dringlichkeit dominiert meist über Wichtigkeit. Das liegt daran, dass dringende Dinge immer mit den Prioritäten und Terminen anderer zu tun haben. So steckt hinter der Planung und Erledigung von dringenden Tagesaktivitäten immer ein gewisser externer Druck. Daher haben dringliche Aufgaben im von Hektik und Zeitdruck geprägten Arbeitsalltag oft die Oberhand. Jeder will alles sofort, und zwar am liebsten schon vorgestern! Hätten Sie, wenn Sie andere um einen Gefallen bitten, das nicht auch gerne sofort abgehakt?

Um die wichtigen Aufgaben – wie z.B. die nächsten Aktionsschritte zur Erreichung ihrer Ziele – nicht zu sehr zu vernachlässigen und sich nicht von kurzfristigen, unmittelbaren Ereignissen ihres Arbeitsalltags einfach überrollen zu

lassen: Setzen Sie Prioritäten und handeln Sie konsequent danach.

Eisenhower-Prinzip

Die vier Quadranten des Eisenhower-Prinzips

Ein weit verbreitetes und einfaches Hilfsmittel zur Festlegung von Prioritäten ist das „Eisenhower-Prinzip“, das Ihre Aufgaben nach vier Quadranten sortiert. Es ist benannt nach dem US-General und späteren Präsidenten Dwight D. Eisenhower, der dieses Verfahren während des Zweiten Weltkriegs verwendete:

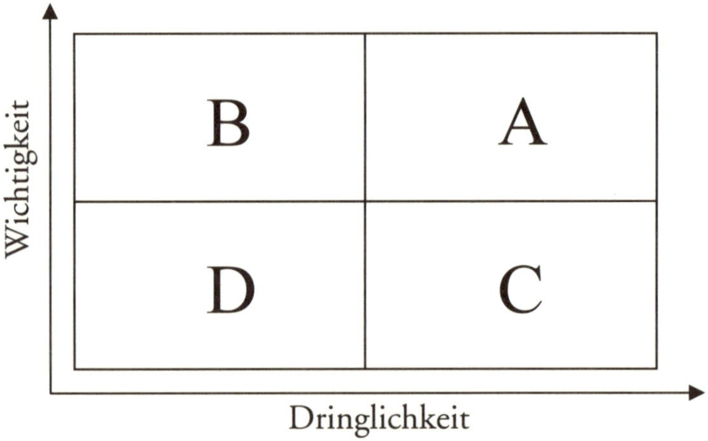

Dringlichkeit und Wichtigkeit von Aufgaben

Die senkrechte Achse des Koordinatensystems beschreibt die Wichtigkeit, die waagerechte Achse die Dringlichkeit. Alle Aufgaben liegen in einem der vier Quadranten: A, B, C oder D. Dies gibt den Grad an „Wichtigkeit“ und „Dringlichkeit“ der jeweiligen Aufgabe an.

A-Aufgaben sind dringend und wichtig. Diese Aufgaben haben Top-Priorität. Erledigen Sie diese Aufgaben sofort und selbst.

Unterscheiden Sie zwischen A-, B-, C- & D-Aufgaben

B-Aufgaben sind (noch) nicht dringend, jedoch wichtig. Terminieren Sie die Erledigung und verlieren Sie die Aufgaben in der Hektik des Dringlichen nicht aus den Augen. Wie auch A-Aufgaben, bringen Sie B-Aufgaben näher an Ihre Ziele. Erledigen Sie B-Aufgaben nicht frühzeitig, werden sie oft früher oder später zu A-Aufgaben.

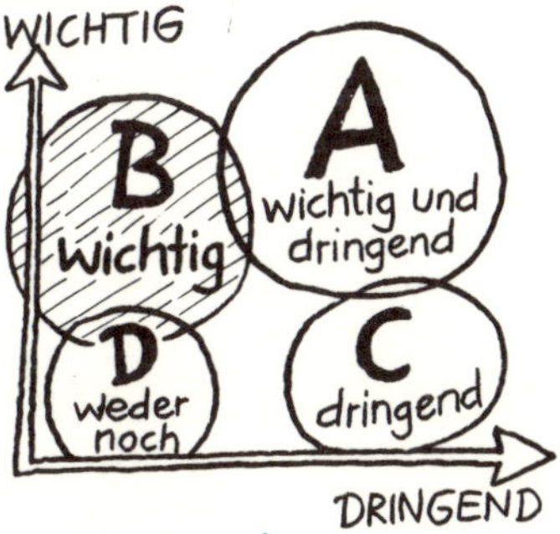

C-Aufgaben sind dringlich, aber weniger wichtig. Verlieren Sie sich nicht in C-Aufgaben. Sie haben nur geringe Bedeutung für Ihren Erfolg. Trotzdem widmen wir oft C-Aufgaben den größten Teil unserer Zeit. Kennen Sie auch die Bezeichnung „a.s.a.p.“? Sie steht für „as soon as possible“ und wird in vielen Unternehmen als stehende Bezeichnung dafür verwendet, dass etwas so schnell wie möglich erledigt werden soll. Tappen Sie nicht in die Falle: Machen Sie nicht alles möglich, diese Aufgaben sofort zu erledigen. A- und B-Aufgaben haben deutlich höheren Anteil an Ihrem Erfolg. Wenn möglich delegieren Sie C-Aufgaben.

Verwenden Sie nicht zuviel Zeit für C-Aufgaben!

D-Aufgaben sind weder wirklich wichtig noch dringlich. Deswegen wird dieser Sektor oft auch weggelassen oder als „Papierkorb“ bezeichnet. Streichen Sie diese Aufgaben (sie bringen Sie Ihrem Ziel nicht näher) oder erledigen Sie die Aufgaben irgendwann, wenn Sie Lust darauf haben. Jedoch nur dann. Verbrauchen Sie keine Ressourcen dafür.

Beispiel:
Die Lehrerin Frau S. sitzt gerade im Lehrerzimmer, liest einen Artikel in einem Magazin und wartet auf einen Kollegen, mit dem sie die Klassenfahrt in zwei Wochen besprechen will. Da kommt der Anruf einer Kollegin, dass sie eine Autopanne hatte und dass jemand dem Rektor Bescheid geben muss, dass sie nicht kommt und daher jemand für sie die Aufsicht bei den Abiturarbeiten übernehmen muss.

√ Der Artikel ist eine D-Aufgabe. Entweder Frau S. liest den Artikel in irgendeiner Pause oder sie liest ihn gar nicht.

√ Dem Rektor von dem Fehlen der Kollegin zu unterrichten ist eine C-Aufgabe. Entweder Frau S. bittet einen Kollegen/eine Kollegin den Rektor zu informieren (z.B. mittels Nachricht den Kollegen auf den sie wartet) oder sie hinterlässt eine Nachricht am Nachrichtenboard.

Klare Konzentration auf das Wichtige

√ Die Planung der Klassenfahrt ist natürlich noch immer wichtig. Aber zur Planung kann ein neuer Termin mit dem Kollegen vereinbart werden. (B-Aufgabe, Wiedervorlage).

√ Die Vertretung der Kollegin und Beaufsichtigung der bald beginnenden Abituraufgaben übernimmt Frau S. unmittelbar selbst (A-Aufgabe, dringend und sofort).

Übung:
Haben Sie schon eine To-Do-Liste erstellt, nehmen Sie diese bitte zur Hand. Haben Sie noch keine Liste erstellt, notieren Sie bitte nun alle Aufgaben, die Sie erledigen müssen und bewerten Sie diese anschließend nach dem Eisenhower-Prinzip.

ABC-Analyse

Oft wird statt von dem Eisenhower-Prinzip von der ABC-Analyse gesprochen. Das Prinzip ist das Gleiche: Analysieren Sie all Ihre Aufgaben danach, ob es sich um A-, B- oder C-Aufgaben handelt. Die ABC-Analyse kennt jedoch keine D-Aufgaben, da der D-Quadrant einem Papierkorb gleichgesetzt wird.

Egal ob ABC-Analyse oder Eisenhower-Prinzip: Wichtig ist, sich nicht dem Dringlichkeits-postulat unterzuordnen und sich Zeit für die wichtigen Aufgaben zu nehmen.

Praxis-Tipp:
Definieren Sie bei Ihrer Tagesplanung Ihre zwei wichtigsten Aufgaben für den Tag. Erledigen Sie diese in jedem Fall.

Praxis-Tipp:
Verankern Sie Ihre B-Aufgaben: Arbeiten Sie jeden Tag an einer langfristigen B-Aufgabe. So arbeiten Sie neben Ihrem Tagesgeschäft strategisch an Ihren Zielen und Erfolgen von morgen.

Arbeiten Sie jeden Tag an einer B-Aufgabe

Praxis-Tipp:
Das Eisenhower-Prinzip und/oder die ABC-Analyse lassen sich ebenfalls hervorragend auf die Bearbeitung Ihrer E-Mails übertragen!

Termine mit sich selbst

Erfolg braucht Zeit. Daher geben Sie ihm Zeit: Fest eingeplante Zeit.

Um den Erfolgsanteil wichtiger Aufgaben haben Sie gerade gelesen. Ebenso wie über die Bedeutung der Verankerung Ihrer strategischen B-Aufgaben in Ihre Arbeitsplanung.

Planen Sie feste Termine für strategische Aufgaben

Überlassen Sie die Erledigung dieser Aufgaben nicht dem Zufall und nutzen Sie einen kleinen aber wirkungsvollen Trick: Machen Sie Termine mit sich selbst.

„Der Schlüssel liegt nicht darin, Prioritäten für das zu setzen, was auf Ihrem Terminplan steht, sondern darin, Termine für Ihre Prioritäten festzulegen."
(Stephen R. Covey)

Machen Sie konkret terminierte Verabredungen mit sich selbst und nehmen Sie diese ernst. Behandeln Sie diese wie Termine mit anderen Personen: Halten Sie die Zeiten ein und seinen Sie pünktlich. Verschieben Sie die Termine nur in wirklich begründeten Fällen.

Nutzen Sie diese Termine zur Erledigung von A- und B-Aufgaben, deren Erledigung wichtig ist und deren Erledigung Sie daher konkret einplanen wollen.

Sie werden sehen, wie effektiv diese Termine sind. Bringen die Termine Sie doch bei der Erledigung wichtiger Aufgaben und damit bei der Erreichung Ihrer Ziele voran.

Kombinieren Sie bei Bedarf Termine mit sich selbst mit stillen Stunden

Bei Aufgaben, die hohe Konzentration erfordern, kombinieren Sie die Termine mit sich selbst mit „stillen Stunden“.

Stille Stunden

Tür zu, Telefon aus und konsequent nicht stören lassen

Reservieren Sie sich für wichtige Aufgaben und Aufgaben, bei denen Sie starke Konzentration benötigen, so genannte „stille Stunden“ – d.h. Zeit, in der Sie Ihr Telefon ausschalten, die Tür schließen und sich konsequent von nichts stören lassen. Planen Sie diese Zeit im Voraus (schriftlich) in Ihrem Zeitplanbuch.

Arbeiten Sie in einem Büro, lassen Sie Ihre Kolleginnen und Kollegen wissen, dass Sie gerade eine besonders konzentrierte Arbeitsphase haben, in der Sie nicht gestört werden wollen.

Hängen Sie ein Schild an Ihre Tür und notieren Sie dort, von wann bis wann diese Phase dauert und wann Sie wieder erreichbar sind.

„Nein“-sagen

Um selbstbestimmt zu Handeln, sich auf das wirklich Wichtige zu konzentrieren, sich nicht dem Dringlichen zu unterwerfen, sowie Termine mit sich selbst und „stille Stunden“ auch konzentriert wahrnehmen zu können, benötigen Sie eine weitere Fähigkeit: Die Fähigkeit auch einmal „Nein“ zu sagen.

Sagen Sie „Nein“ mit freundlicher und fester Stimme

Exkurs Psychologie des „Nein“:
Sagen Sie „Nein“ mit freundlicher und fester Stimme und blicken Sie den anderen dabei an. Vermeiden Sie den Eindruck, dass es noch Verhandlungsspielraum gibt oder dass Ihnen das „Nein“ unangenehm ist. Ein klares „Nein“ macht Sie klar einschätzbar, vermeidet Missverständnisse und späteren Ärger (für Sie auf Grund der neuen Aufgabe oder für Ihr Gegenüber, weil Sie Ihre Zusage nicht einhalten können.)

Fünf Wege zum „netten Nein“ (vgl. simplify.de):

1. „Lassen Sie mich darüber nachdenken. Ich sage Ihnen heute Mittag bescheid.“ Melden Sie sich unaufgefordert am Mittag und sagen Sie höflich und klar „Nein“. Die Bedenkzeit und die zuverlässige Antwort machen Ihre Absage weniger schroff. Die kürzere Variante: „Hm… Nein.“ Auch damit sagen Sie klipp und klar „Nein“. Die kurze Bedenkzeit signalisiert aber auch hier Verständnis und Abwägung.

2. „Das passt im Augenblick gerade nicht.“ Werden Sie gebeten, etwas zu einem bestimmten Zeitpunkt zu tun, ist dies höflicher als ein generelles „Nein“.

3. „Das ist eine spannende Aufgabe/ ein reizvolles Angebot!" Würdigen Sie das Anliegen des anderen mit einem Satz der Anerkennung. Machen Sie dann aber deutlich, dass Sie keine freien Ressourcen haben. Erklären Sie nicht, was Ihre Kapazitäten bindet. Das könnte auf Grund einer anderen Prioritätensetzung bei Ihrem Gegenüber zu einer Enttäuschung führen.

4. „Ich schätze Sie sehr!" Wenn Sie eine Bitte erreicht, stärken Sie zunächst die Beziehung. Leiten Sie danach die Absage ein mit den Worten: „Ich würde das sehr gerne mit Ihnen machen. Aber …"

5. Antworten Sie nur auf direkte Fragen. Bsp.: (Versteckte) Frage eines Kollegen (ob Sie ihm Arbeit abnehmen können): „Ich habe noch so viel Papierkram zu erledigen, dabei habe ich schon Kinokarten für heute Abend." Antwort: „Das tut mir leid für Sie."

Antworten Sie nur auf direkte Fragen

Delegation

Erledigen Sie strategisch-bedeutende Aufgaben selbst

Neben der Erledigung und Ablehnung einer Aufgabe gibt es einen dritten Weg: Die Delegation.

Natürlich sind A- und die meisten B-Aufgaben *Ihre* Aufgaben – d.h. Aufgaben, die Sie selbst erledigen sollten. Sie wollen schließlich nicht Ihre Ziele und Zukunft jemand anderem überlassen. Überprüfen Sie bei allen anderen Aufgaben, ob Sie sie an Mitarbeiterinnen und Mitarbeiter oder Kolleginnen und Kollegen delegieren können. Das gibt Ihnen Ressourcen für Ihre A- und B-Aufgaben.

Prüfen Sie bei dem Rest Delegationsmöglichkeiten

Gegenseitige Unterstützung durch Delegation

Delegation muss kein einseitiges Weiterdrücken von Aufgaben sein. Ebenso können Sie, wenn Sie freie Kapazitäten haben, andere unterstützen. So kann Delegation ein nützliches Mittel sein, um sich in Phasen mit starker Arbeitsbelastung hilfreich zur Seite zu stehen.

Nutzen Sie Synergieeffekte und besondere Vorlieben und Erfahrungen

Mittels kluger Delegation ist es außerdem möglich Synergieeffekte zu nutzen. Vielleicht arbeitet ein Kollege oder eine Kollegin ja ohnehin an einem ganz ähnlichen Thema. Bedenken Sie auch Vorlieben und Erfahrungen: Können Sie die Aufgabe an jemanden delegieren, der in der Erledigung solcher Aufgaben besonders geübt ist und sie daher schneller ausführen kann? Gibt es jemanden der in diesem Bereich besonders gerne arbeitet?

Achten Sie bei der Delegation auf folgende Kriterien[7]:

D enken Sie darüber nach, was Sie delegieren wollen.
E ntscheiden Sie, wem Sie etwas delegieren wollen.
L isten Sie auf, was zu tun ist.
E rklären Sie die einzelnen Aufgaben.
G eben Sie ausreichendes Training, um die Aufgaben erfüllen zu können.
A ufgaben müssen Freiraum für eigene Entscheidungen beinhalten.
T hematisieren Sie die erfolgte Delegation bei allen, die es angeht.
I ntervenieren Sie nur nach vereinbarten Regeln.
O ffene Kommunikation fördert den gemeinsamen Erfolg.
N achkontrolle bewertet die Leistung.

---

[7] *tempus.*®: Das tempus-Seminar, 2002, S. 109

Pareto-Prinzip

Die Bedeutung von wichtigen Aufgaben hinsichtlich der Zielerreichung zeigt sich auch statistisch: Nach Erfahrungswerten[8] machen wichtige Aufgaben ca. 15% der Menge aller Aufgaben von Führungskräften aus, ihr Wert im Sinne ihres Beitrags zur Zielerreichung liegt jedoch bei 65%. Durchschnittlich wichtige Aufgaben machen etwa 20% der Menge und 20% in Hinblick auf die Zielerreichung aus. Lediglich 15% Anteil an der Zeilereichung, aber 65% Anteil an allen Aufgaben haben weniger und unwichtige Aufgaben.

65% Ihrer Aufgaben bringen nur 15% Ihres Erfolges

Auch in anderen Bereichen zeigt sich dieses ungleiche Verhältnis von Aufwand und Ertrag.

Vilfredo Pareto stieß bereits im 19. Jahrhundert auf ein wiederkehrendes mathematisches Verhältnis, welches eine inhärente Unausgewogenheit zwischen Ursachen und Wirkungen, Aufwand und Ertrag, Anstrengung und Ergebnis beschreibt[9]. Das „80/20- Prinzip“ oder „Pareto-Prinzip“ zeigt, dass:

Das 80/20-Prinzip

- 80% des Ertrages von 20% des Aufwandes herrühren,
- 80% der Wirkungen durch 20% der Ursachen bedingt sind,
- 80% der Ergebnisse auf 20% der Anstrengungen zurückgehen.

[8] Seiwert, Lothar, J.: Mehr Zeit für das Wesentliche, 19. Auflage, 2000, S. 133

[9] Nachzulesen unter: Koch, Richard: Das 80/20-Prinzip, 5. verb. Auflage, 1998

Sichern Sie sich mit 20% Aufwand bereits 80% Ertrag

Für Ihre Zeitplanung bedeutet dies: Nehmen Sie sich nicht zuerst die leichtesten, interessantesten oder die Aufgaben mit dem geringsten Zeitbedarf vor, sondern die wichtigsten und sichern Sie sich so bereits mit ca. 20% des Aufwands 80% des Ertrags. Danach arbeitet es sich deutlich entspannter…

Gut statt perfekt

Vorsicht vor Perfektionismus

Daraus ergibt sich unmittelbar eine weitere Schlussfolgerung: Kontrollieren Sie kritisch, wo Sie gut statt perfekt arbeiten können oder sogar sollten.

Ab einem bestimmten Einsatz stehen Arbeitsaufwand, Zeit und Kosten nicht mehr in einem vernünftigen Verhältnis zum erzielten Ertrag. Denn oft kostet der kleine Rest von einem sehr guten zu einem perfekten Ergebnis immens viel an Kraft und Ressourcen.

Es gibt Aufgaben, da ist Perfektion anzustreben – beispielsweise in der Gehirnchirurgie. Bei einem Besprechungsprotokoll sollten Sie jedoch nicht die gleiche Perfektion erwarten und erbringen wollen, wie bei einer OP am offenen Gehirn. In der Zeit, die Sie benötigen, den letzten Tippfehler zu entdecken oder die letzte Layoutoptimierung umzusetzen, können Sie strategisch an Ihrer Zukunft arbeiten.

Es ist nicht nur falscher Ehrgeiz alles perfekt machen zu wollen, es zeigt alles andere als den perfekten Umgang mit seinen Ressourcen und seiner Zeit.

Tappen Sie nicht in die Perfektionismusfalle und überprüfen Sie kritisch:

- Stehen Aufwand und der zu erwartende Ertrag in einem vernünftigen Verhältnis?
- Kann oder sollte ich hier sogar gut statt perfekt arbeiten?

Stehen Aufwand und Ertrag im Verhältnis

Tages-Leistungskurve

Sie kennen das vielleicht auch: Manchmal fällt es einem überhaupt nicht schwer, keine perfekten Ergebnisse zu erbringen. Vielmehr kämpft man darum überhaupt gute Ergebnisse zu erbringen.

Eine typische Zeit, in der viele Menschen mit einem solchen Leistungsloch zu kämpfen haben, ist nach der Mittagspause. Es scheint geradezu, als wäre man im "Suppenkoma" oder die "Schnitzelstarre" habe eingesetzt.

Beachten Sie Ihren biologischen Rhythmus. Erledigen Sie in solchen Leistungstiefs aktivierende C-Aufgaben, wie bspw. Telefonate. Reservieren Sie Ihre Leistungshochs für A-Aufgaben.

Natürlich ist jeder Mensch einzigartig und eine Reihe verschiedener Faktoren (Schlaf, Bewegung, Ernährung, Flüssigkeitshaushalt, Licht, Sauerstoff) beeinflussen Ihren persönlichen Energiehaushalt. Sie können sich jedoch an der auf der vorherigen Seite abgebildeten durchschnittlichen Leistungskurve orientieren.

Nutzen Sie Energiephasen für wichtige Aufgaben

Abendmenschen („Eulen") brauchen morgens etwas länger um in die Gänge zu kommen, verfügen am Abend jedoch länger über Energie. Der Energieanstieg bei Morgenmenschen („Lerchen") steigt morgens etwas schneller, fällt am Abend jedoch auch früher ab.

Beobachten Sie sich und finden Sie Ihre Leistungskurve. Nutzen Sie Ihre Hauptenergiezeiten für A-Aufgaben und planen Sie in schwachen Energiezeiten Pausen oder C-Aufgaben.

Badewannen-Effekt

Beachten Sie Einarbeitungs- und Ermüdungsphasen

Auch der „Badewannen-Effekt" hilft Ihnen bei der Planung Ihres Energiehaushaltes: Wenn Sie mit einer komplexeren Aufgabe beginnen, dauert es ca. 30 Minuten, bis Sie sich eingearbeitet haben und Sie so die Aufgabe effektiv ohne größere Anstrengungen durchführen können. Nach ca. 90 Minuten steigt der Energiebedarf jedoch wieder an.

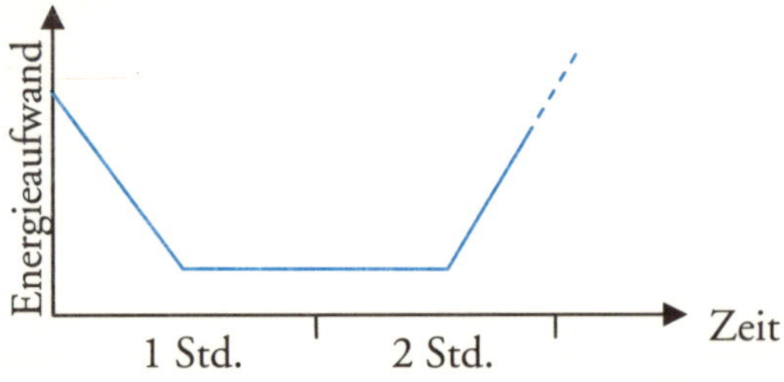

- Hören Sie nicht mit der Bearbeitung einer Aufgabe auf, weil es nicht von Beginn an „flutscht".
- Machen Sie nach 90 Minuten eine Pause.
- Machen Sie möglichst nicht vor 90 Minuten eine Pause.

Praxis-Tipp:
Um sich nicht mehrmals in die gleiche Tätigkeit einarbeiten zu müssen: Schließen Sie gleiche Tätigkeiten (z.B. Telefonate) zu Arbeitsblöcken zusammen. Kombinieren Sie diese bei Bedarf mit „stillen Stunden" und/oder legen Sie solche Blöcke (nach Art der Aufgaben) bewusst in Hochenergie bzw. schwächere Energiezeiten.

Schließen Sie Aufgaben zu Arbeitsblöcken zusammen

Umgang mit Störungen

Doch nicht nur fehlende Energie stört gelegentlich effektives Arbeiten. Auch andere Störer machen uns das Leben schwer.

- Achten Sie auf typische interne Zeitfresser – d.h. Gewohnheiten (z.B. ständiges Kontrollieren der E-Mails), die Ihnen Zeit rauben. Protokollieren Sie diese, wann immer Sie sie bemerken. Fragen Sie sich am Ende einer erledigten Aufgabe, ob Sie etwas an der zügigen Bearbeitung gehindert hat. Notieren Sie auch diese Störer. So erstellen Sie „nebenher" eine Liste Ihrer internen Störer und machen Sie bearbeitbar.

Protokollieren Sie interne und externe Zeitfresser

- Achten Sie ebenso auf externe Zeitfresser, wie beispielsweise regelmäßige Anrufe zu bestimmten Zeiten. Protokollieren Sie auch diese und eliminieren Sie diese oder planen Sie in dieser Zeit C-Aufgaben.

Aufschieberitis

Trotz Beachtung all dieser Techniken und Methoden schleicht sich gelegentlich ein Virus ein: Die Aufschieberitis.

Je häufiger Sie Aufgaben aufschieben, desto höher wird der Berg an Arbeit

Diagnostizieren Sie diesen Virus bei Ihnen, handeln Sie sofort: Denn je häufiger Sie Aufgaben vor sich herschieben, desto größer wird der Berg an Arbeit. Mögliche Behandlungsmethoden:

- Salami-Taktik: Teilen Sie die entsprechenden Arbeiten in Abschnitte und arbeiten Sie alles in verdaulichen Häppchen ab.
- 15-Minuten-Taktik: Führen Sie für Sie unangenehme Arbeiten nur 15 Minuten lang aus. Etwa die Aktualisierung Ihrer Adressdatei. Dies aber regelmäßig, bis die Aufgabe erledigt ist.
- Druck-Taktik: Setzen Sie sich Termine. Sagen Sie anderen, wann sie Ihre Arbeit beendet haben werden (und diese gegebenenfalls damit rechnen können).
- Selbstüberrumpelungs-Taktik: Denken Sie nicht lange über die Bearbeitung eines Vorgangs nach. Erledigen Sie ihn einfach!

- Das-Schlimmste-zuerst-Taktik: Erledigen Sie die unangenehmsten Arbeiten gleich zu Beginn des Tages. Danach kann alles nur noch besser werden!
- Jeden-Tag-etwas-Schreckliches-Taktik: Erledigen Sie jeden Tag wenigstens eine schreckliche Aufgabe.
- Alles-auf-einmal-Taktik: Erledigen Sie alle für Sie schrecklichen Arbeiten an einem Tag und belohnen Sie sich danach ausgiebig für diesen Tag.

Lassen Sie unbeliebte Aufgaben sich nicht anhäufen

ALPEN-Methode

Nun haben Sie viel über effektives Arbeiten gelesen. Sehr viel. Nun droht die konkrete Planung und Anwendung dieser Techniken.

> *„Gegenüber der Planung eines Tages ist alles andere im Leben ein Kinderspiel.“*
> (Johann Wolfgang von Goethe)

Die ALPEN-Methode kombiniert mehrere Techniken

Doch keine Angst. Ein bisschen können wir Goethe hier widersprechen. Sicherlich erfordern die gründliche und effektive Planung eines Tages und die Anwendung der vorgestellten Methoden ein wenig Erfahrung.

Die ALPEN-Methode ist jedoch eine leichte und effektive Methode zur Planung Ihrer Aufgaben, die mit etwas Übung nur fünf Minuten Zeit in Anspruch nimmt und viele Aspekte der geschilderten Techniken bereits in sich kombiniert:

Die ALPEN-Methode:

A ufgaben zusammenstellen

L änge der Tätigkeiten schätzen

P ufferzeiten für Unvorhergesehenes reservieren

E ntscheidungen über Prioritäten, Kürzungen und Delegation treffen

N achkontrolle: Unerledigtes übertragen

Sammeln Sie alle Aufgaben und schätzen Sie den Zeitbedarf

1. Stufe: Aufgaben zusammenstellen

Notieren Sie alle Aufgaben, die Sie am nächsten Tag erledigen möchten.

2. Stufe: Länge der Tätigkeiten schätzen

Notieren Sie hinter jeder Tätigkeit den Zeitbedarf, den Sie für die Erledigung in etwa veranschlagen müssen. Addieren Sie die Zeitvorgaben.

Kontrollieren Sie nachträglich Ihre Kalkulation

Praxis-Tipp:
Überprüfen Sie Ihre Kalkulationen rückwirkend, ob Sie nicht zuviel Zeit vorgeben. Das Parkinsonsche Gesetz lehrt, dass Aufgaben sich gerne dehnen, bis sie genau die Zeit ausfüllen, die zur Verfügung steht.

Praxis-Tipp:
Das Kalkulieren des Zeitaufwands hat auch psychologische Auswirkungen: Sie arbeiten konzentrierter und unterbinden Störungen konsequenter, da Sie die Bearbeitungszeit einhalten wollen. Außerdem sehen Sie sich beim Kalkulieren vor Ihrem inneren Auge schon bei der Beendigung der Aufgabe.

3. Stufe: Pufferzeiten reservieren

Befolgen Sie die 60:40-Regel: Verplanen Sie nicht mehr als 60% Ihrer Zeit, so dass Ihnen mindestens 40% Ihrer Zeit als Pufferzeit für unerwartete oder nach dem „Sofort-Prinzip" zu erledigende Aufgaben reserviert bleiben.

Praxis-Tipp:
Planen Sie ca. 60% der Zeit für geplante Aktivitäten, ca. 20% für unerwartete Aktivitäten (Puffer für längeren Zeitbedarf der geplanten Aktivitäten, sowie nicht planbare Aktivitäten) und ca. 20% für spontane Aktivitäten (kreative Zeiten und Pausen) ein.

Verplanen Sie nicht mehr als 60% Ihrer Zeit

Haben Sie in den ersten beiden Schritten mehr als 60% Ihrer Arbeitszeit verplant, müssen Sie konsequent Aufgaben (für diesen Planungszeitraum) streichen! Knabbern Sie nicht schon in der Planungsphase Ihren Puffer an. Er ist für unvorgesehenes an dem jeweiligen Tag selbst.

Haben Sie mehr als 60% verplant, ändern Sie Ihren Zeitplan

Falls möglich delegieren oder ändern Sie Aufgaben (z.B. ein Telefonat statt einem Besuch). Der Rest muss verschoben werden.

Eigentlich ist es einsichtig: In einen 1 Liter fassenden Behälter passt nicht mehr als 1 Liter, da der Platz nun mal begrenzt ist. Merkwürdig, dass wir all zu oft vergessen, dass das gleiche Prinzip für die Zeitplanung eines Tages gilt. Egal wie viel Sie gerne tun möchten oder tun sollten, Sie können nur soviel erledigen, wie es ein 24-Stunden Tag zulässt.

4. Stufe: Entscheidungen über Prioritäten, Kürzungen und Delegation

Entscheiden Sie über Prioritäten, Kürzungen und Delegationsmöglichkeiten

- Setzen Sie Prioritäten (ABC-Aufgaben) und bringen Sie Ihre Tagesaufgaben in eine Rangordnung.
- Überprüfen Sie den kalkulierten Zeitbedarf und kürzen Sie wenn möglich. Bleiben Sie dabei aber realistisch!
- Überprüfen Sie, ob Sie Aufgaben delegieren können.

5. Stufe: Nachkontrolle – Unerledigtes übertragen
Schaffen Sie Ihr Tagespensum nicht, übertragen Sie die Aufgabe auf den nächsten Tag.

Übertragen Sie nicht erledigtes auf den nächsten Tag und erledigen Sie es auch an diesem Tag

Praxis-Tipp:
Mehrmals übertragene Aufgaben, werden lästig. Erledigen Sie diese Aufgaben sofort, delegieren Sie sie oder streichen Sie sie, wenn sie nicht wichtig sind oder sich von selbst erledigt haben.

Vorteile der ALPEN-Methode:

Durch die Planung der Aufgaben…

- …arbeitet Ihr Unterbewusstsein weiter an den Aufgaben.
- …ist Ihr Tag keine graue, schwere Last, sondern plan- und greifbar.
- …nehmen Sie Ihre Aufgaben gezielt in Angriff und lassen sich weniger durch Unwichtiges ablenken.

3. Stufe: Genau richtig für mich

Soweit zum Zeitmanagement der 1. und 2. Stufe. Bis Ende der 1980er war das alles. Doch die Zeit zeigte, dass einige Menschen ganz hervorragend mit diesen Techniken zu Recht kamen, andere jedoch Probleme hatten. Die Antwort auf die Frage „warum“, ist gleichsam einfach, wie komplex: Menschen sind unterschiedlich.

Unterschiede im Nutzungserfolg

»Damit es gerecht zugeht, erhalten Sie alle die gleiche Prüfungsaufgabe: Klettern Sie auf diesen Baum!«

Und auch wenn natürlich jeder Mensch einzigartig ist und seine individuellen Gewohnheiten und Vorlieben hat, so hat die moderne Forschung[10] doch verbindende Gemeinsamkeiten und Unterschiede festgestellt:

50% der Bevölkerung bevorzugen die linke, 50% die rechte Hirnhälfte

Die moderne Hirnforschung stellte fest, dass etwa die Hälfte der Bevölkerung stärker die linke Hirnhälfte für ihren Denk- und Verhaltensstil nutzt. Die andere Bevölkerungshälfte bevorzugt die rechte Hemisphäre.

---

[10] Seiwert, Lothar J.: Wenn du es eilig hast, gehe langsam. Das neue Zeitmanagement in einer beschleunigten Welt, 8. Auflage, 2003

Die linke Hirnhälfte ist verantwortlich für Logik, die rechte für Kreativität

Exkurs Gehirnhälften:
Die linke Gehirnhälfte ist (u.a.) verantwortlich für logisches Denken, sprachliche und mathematische Aufgaben, sowie die Begriffsbildung. Sie ermöglicht analytisches Denken und Kombinationsgabe.
Die rechte Gehirnhälfte ist (u.a.) verantwortlich für bildhaftes (visuelles) Denken, Kreativität, Emotionen und räumliche Orientierung. Sie ermöglicht mehrere Informationen gleichzeitig zu verarbeiten und Konzepte zu entwickeln.

Linke Gehirnhälfte	Rechte Gehirnhälfte
Rationales Denken	Akausales Denken, lässt Widersprüchlichkeit zu
Analytisches Denken	Entwurf von Konzepten
Logik von Ursache und Wirkung	Mustererkennung und bildhafter Vergleich
Deduktive Schlussfolgerungen	Analoge Schlussfolgerungen
Arbeit mit Zahlen, Begriffen und Mengen	Einsatz von Fantasie und Intuition
Bedürfnis nach Ordnung und Struktur	Bezieht Gefühle, Empfindungen und Unwägbares mit ein
Administratives, kontrolliertes sequentielles Vorgehen, Liebe zum Detail	Ganzheitliches Denken, Überspringen von Schritten, verzichtet auf Details
Vertikales Denken	Laterales Denken
Worterkennung	Gesichtserkennung
Wörter und Zahlen	Umrisse und Musik
Bewegungsabfolgen	Räumliches Interpretieren

Während der ersten sechs Lebensjahre nutzen wir hauptsächlich die rechte Hemisphäre. Sie ist verantwortlich für das Verhalten, dass wir als typisch für ein kleines Kind betrachten: Neugier, Fantasie, emotionale Ausdruckskraft, körperliche Aktivität, Spieltrieb, Sinnlichkeit, Intuition, nicht angepasst sein und hohe Kreativität. Nach dieser Lebensphase beginnen wir die linke Hemisphäre zu entwickeln: Externe Autoritäten wie Lehrer, Eltern usw. arbeiten daran uns Logik, Ordnung, Disziplin, Anpassung und zielgerichtete Aktivität zu vermitteln. Sie lehren uns Regeln und uns genau daran zu halten. "Verspieltes" Verhalten wird weniger begrüßt oder sogar getadelt. Logisches, als "reif" betrachtetes Verhalten dagegen, wird gelobt und gefördert.

Kinder nutzen stärker die rechte Hirnhälfte

So wie die meisten Menschen eine Handdominanz entwickeln, scheinen viele sich im Lauf des Lebens auch für eine bevorzugte Hirnhälfte zu entscheiden. Dabei ergänzen sich der links- und rechtshirnige Ansatz gegenseitig und beide können uns dabei helfen, unser Leben und unseren Beruf zu meistern. Nicht verwunderlich ist, dass Menschen, die Spitzenkönner auf vielen Gebieten sind, in hohem Maße ganzhirnig arbeiten und daher oft als Genies gelten. Solche Menschen haben für sich einen Weg gefunden beide Hirnhälften zur Informationsverarbeitung zu nutzen und so spezifische Vorteile aus beiden Ansätzen zu ziehen.

Die beiden Hirnhälften ergänzen sich

Die Erkenntnis welche Hälfte des Großhirns das individuelle Handeln dominiert, ist von grundlegender Bedeutung für das individuelle Zeitmanagement und das individuelle Erleben von Zeit.

Die bevorzugte Hirnhälfte beeinflusst das individuelle Zeitmanagement

Unsere innere Uhr ist genetisch, kann sich beschränkt jedoch anpassen

Der innere Tag ist nicht bei jedem Menschen 24 Stunden lang

Exkurs Zeitempfinden:
Für unsere „innere Uhr“ und damit maßgeblich für unser Zeitempfinden ist der supra-chiasmatische Nucleus (ein reiskorngroßer Nervenkern in unserem Gehirn) verantwortlich. Er steuert mit rhythmischen Signalen Körperfunktionen wie Temperatur, Blutdruck und Hormonausschüttung. Er sorgt dafür, dass unsere Körpertemperatur kurz bevor wir erwachen auf Wachbetrieb steigt.

Unsere innere Uhr ist genetisch gesteuert, kann sich jedoch in beschränktem Maße auf äußere Umstände einstellen. Sind die Veränderungen zu schnell, entsteht ein sogenanntes „Jetlag“.

Schirmt man Testpersonen von äußeren Zeitgebern wie Sonnenlicht ab, stellt man fest, dass unsere innere Uhr und damit unser Zeitempfinden nicht gleich ist: Der innere Tag ist nicht bei allen Menschen 24 Stunden lang. Das Empfinden schwankt zwischen 22 und 30 Stunden.

Darüber hinaus beeinflussen weitere Faktoren unser Empfinden von Zeit: Das subjektive Empfinden von 15 Minuten Schmerz im Vergleich zu 15 Minuten Freude und Spaß wird höchst unterschiedlich wahrgenommen. Zeit ist relativ. Das hat auch Einfluss auf Ihre Leistung. Wenn eine Beschäftigung von Ihnen als Spaß empfunden wird, produziert Ihr Gehirn Neurochemikalien wie Endorphine, die geistige Qualitäten verbessern. Man denkt kreativer und nimmt Dinge wahr, die sonst möglicherweise übersehen würden. Man befindet sich im sogenannten „flow“ und kann so die (oft unterschiedlichen) Arbeiten von drei bis vier Menschen zur gleichen Zeit erledigen.

Linkshirnige Dominanz:
Stärker linkshirnig dominierte Menschen bevorzugen eine gewisse Korrektheit und aufgeräumte Umgebungen. Sie führen eine Sache zu Ende, bevor sie die nächste beginnen. Vorgänge, die erledigt sind, werden abgelegt und auch gedanklich abgehakt. Listen und Prioritäten werden von ihnen häufig genutzt. Linkshirnig dominierte Menschen sind eher ordnungsliebend und pünktlich (und erwarten das auch von anderen). Sie bereiten sich gerne vor und wollen das auch von anderen. Sie bevorzugen vertraute Abläufe, sind berechenbar, leben streng nach selbst auferlegten Regeln, und halten Tagesroutinen ein (sie stehen zur gleichen Zeit auf, frühstücken das Gleiche etc.).

Linkshirnige Dominanz

Rechtshirnige Dominanz:
Rechtshirnig dominierte Menschen sind vergleichsweise eher unorganisierte Personen auf deren Schreibtisch sich oft die beliebten Stapel zeigen (auch wenn sie trotzdem meistens finden können, was sie brauchen). Diese Menschen schreiben sich Sachen oft nicht auf, weil sie ohnehin keine ausgeprägte Organisation ihrer Notizen haben. Sie bearbeiten typischerweise sechs bis acht Projekte auf einmal und springen zwischen diesen Projekten hin und her. Das bedeutet jedoch auch, dass diese Menschen oft mehr Projekte anschieben, als die meisten anderen. Sie überziehen regelmäßig Abgabetermine und arbeiten gut unter Zeitdruck. Rechtshirnig dominierte Menschen sprechen Ideen lieber mit anderen durch. Das gemeinsame Arbeiten an Ideen (den eigenen oder den Ideen der anderen) steigert ihre Kreativität.

Rechtshirnige Dominanz

Rechtshirnig-dominierte schieben mehr Projekte an und überziehen oft Termine

Allerdings schweifen sie auch außerhalb von Kreativaufgaben (wo das nützlich ist) leicht vom Thema ab. Sie sind meist fasziniert von Zwischenmenschlichem und verwenden dafür auch viel Zeit.

Rechtshirnige Menschen mögen es nicht alleine zu arbeiten und Gedanken für sich alleine festzuhalten. Tun sie es doch, brauchen sie dafür viele Worte. Sie haben vielmehr Spaß neue Ideen zu produzieren, tun sich allerdings wiederum schwer an der Umsetzung im Detail. Wenn sie Regeln aufstellen, vergessen sie meist sich daran zu halten. Gibt es doch gerade eine Situation auf die die Regeln sowieso nicht recht passen wollen – und das ständig. Sie sind ausgesprochen spontan. Dies bewirkt jedoch oft, dass sie vergessen Termine in ihren Kalender zu schreiben. Sie können nur schwer Post, Papierkram und Erinnerungen wegwerfen.

In den ersten beiden Stufen dominiert der linkshirnige Ansatz

Im traditionellen Zeitmanagement dominierte klar der linkshirnige Ansatz. Daher überrascht es kaum, dass linkshirnig orientierte Menschen wenig Probleme mit dem traditionellen Zeitmanagement haben, die bisherigen Zeitmanagement-Methoden für viele rechtshirnig orientierte Menschen jedoch eher schwierig sind. Das macht die Techniken und Methoden jedoch nicht weniger sinnvoll – für alle Menschen.

Nicht nur die individuelle Dominanz der Hirnhemisphären macht einen Unterschied in unserem Zeitempfinden. Auch die Motivationsstruktur beeinflusst, wie wir Zeit erleben:

Extrinsische Motivation:
Stärker extrinsisch motivierte Menschen reagieren eher auf das was andere erwarten und wie sie es anderen recht machen können. Dies ist für sie meist von höherer Bedeutung als die eigene innere Stimme. Häufig fühlen sich extrinsisch motivierte Menschen eingeschnürt von den vielen Anforderungen des Lebens. Durch ihre Orientierung an den Bedürfnissen anderer, ecken sie zwar selten an, diesen Menschen fehlt jedoch oft die sprichwörtliche Zeit für sich selbst.

Extrinsische Motivation

Intrinsische Motivation:
Stärker intrinsisch motivierte Menschen dagegen hören zuerst auf innere Signale und wägen diese gegen die Anforderungen und Erwartungen anderer ab. Ihnen fällt es leichter Grenzen zu ziehen und sich auf eigene Bedürfnisse nach mehr Lebensqualität zu konzentrieren, um dann vernünftig abzuwägen, welchen Bitten und Bedürfnissen anderer sie entsprechen können und wollen. Je mehr sie ihr eigenes Leben im Griff haben und für sich selbst sorgen, desto mehr innere Ressourcen haben sie um anderen zu helfen. Wenn die eigenen Bedürfnisse unterdrückt werden (zu viel Arbeit, zu wenig Urlaub und Spaß) werden diese Menschen oft übermüdet, überarbeitet und übellaunig und damit gelegentlich zur Zumutung für Andere. Dieser Typ hat die hilfreiche Fähigkeit sich aus sich selbst heraus zu motivieren. Er verschwendet jedoch häufig seine Zeit für die falschen Dinge, indem er aus Unachtsamkeit Fehler macht, engstirnig Innovationen blockiert und ein Reizklima schafft. Für ihn besteht die Gefahr, dass er Arbeit und Karriere nicht loslässt und irgendwann mal viel Zeit mit Familie und Freunden

Intrinsische Motivation

Innere, eigene Motivation

Häufig Konzentration auf die falschen Dinge

verbringen will. Dieser Zeitpunkt kommt meist jedoch nie.

Mono- oder polychronisch

Ebenfalls von Bedeutung für das individuelle Zeitmanagement ist unser Umgang mit Zeit: Man unterscheidet zwischen monochronischem und polychronischem Umgang mit Zeit.

Monochronisch

Monochronisch:
Menschen die exakt nach der Uhr gehen, im Voraus planen und sich in der Regel an Zeitpläne halten, haben einen monochronischen Umgang mit Zeit. Dies ist eher für linkshirnige Menschen typisch. Meist beschäftigen sich diese Menschen nur mit einer Sache, konzentrieren sich voll und ganz auf ihre Aufgaben, nehmen Zeitvorgaben ernst und halten sich gewissenhaft und zuverlässig an Pläne. Zeitvorgaben und Termine sind ernst zu nehmen und einzuhalten.

Polychronisch

Polychronisch:
Rechtshirnige Menschen sind meist polychronische Zeitmanagerinnen und Zeitmanager. Sie verarbeiten Zeit im Verhältnis zur jeweiligen Situation und den verschiedenen Rahmenbedingungen und Stimmungen. So nehmen sie sich die Zeit auf die verschiedenen Anforderungen zu reagieren. Sie machen viele Dinge gleichzeitig, lassen sich schnell unterbrechen und ändern flexibel und häufig Pläne. Deswegen gelten sie manchmal als schlechte Zeitmanagerinnen und Zeitmanager. Auch weil Sie häufig in Strukturen denken, die sich einfach nicht in ein Uhrenschema pressen lassen. Zeitvorgaben und Termine sind anzustreben und wenn möglich einzuhalten.

Praxis-Tipp:
Stress entsteht häufig dadurch, dass polychronische und monochronische Menschen zusammenarbeiten. Lernen Sie den jeweils anderen Typ zu verstehen und zu akzeptieren, indem Sie sich klar machen, wo der andere Typ Sie mit seinen Stärken ergänzen kann.

Diver- oder konvergente Informationsverarbeitung

Die Forschung stellte auch relevante Unterschiede in der Informationsverarbeitung fest.

Divergent

Rechtshirnig dominierte Menschen sind eher divergente Informationsverarbeiter. Sie beziehen Energie daraus, dass sie gleichzeitig an verschiedenen Projekten arbeiten und in alle Richtungen denken. Sie produzieren und sammeln häufig Unmengen an Material und kreieren viele neue Ideen.

Konvergent

Linkshirnig dominierte Menschen sind eher konvergente Informationsverarbeiter. Sie beziehen Energie daraus, dass sie sich auf angebotene Optionen beschränken, konzentriert bleiben und genau auf den Punkt kommen. Sie arbeiten lieber in aufgeräumter Umgebung, erledigen gerne alles bis ins Detail und halten sich an ihre Pläne.

Traditionelle Zeitmanagement-Techniken sind meist konvergent.

Konvergente, linkshirnige Zeitmanager

Wenn Sie ein konvergenter, eher linkshirnig dominierter Mensch sind, werden Sie mit den Techniken und Methoden wenige Probleme haben.

Divergente, rechtshirnige Zeitmanager

Sind Sie ein divergenter, eher rechtshirnig dominierter Mensch, erarbeiten Sie sich einen Weg, die Methoden und Techniken passgenau für sich nutzbar zu machen. Nutzen Sie dabei Ihre Stärken. Visualisieren Sie viel und arbeiten Sie mit Farben. Das schafft nicht nur Übersicht, es spricht auch Ihre rechte Gehirnhälfte an. Auch und gerade weil das Erstellen einer To-Do-Liste bei Ihnen eher einem Brainstorming-Prozess gleicht, notieren Sie *alle* Aufgaben. Wenn Sie sich Ihre Notieren Sie sich Ihre Ideen mal hier und mal dort notieren (gerade wo sie Ihnen in den Sinn kommen), übertragen Sie alle Aufgaben auf *eine* Liste oder sammeln Sie zumindest alles an *einer* zentralen Stelle.

Seien Sie offen für die Stärken und Schwächen anderer

Prioritätensetzung mittels eines festen Rasters mag für Sie oft nicht leicht sein. Arbeiten Sie jedoch konsequent mit Prioritäten und arbeiten Sie selbstdiszipliniert an Ihren A- und B-Aufgaben. Wollen Sie Ihre Flexibilität wahren, arbeiten Sie beispielsweise mit Haftnotizen. Ändern sich die Prioritäten, können Sie die Notizen einfach umkleben. Bewahren Sie sich diese Flexibilität bei allen Methoden und Techniken. Flexibilität und das Offenhalten von Optionen sind wichtig für Sie. So kann es für Sie unter kreativen Gesichtspunkten auch einmal gut sein, zunächst mit einer C-Aufgabe zu beginnen und schon über A-Aufgaben nachzudenken – bewusst oder unterbewusst. Vergessen Sie dabei jedoch auf keinen Fall die unterschiedliche Wertigkeit von Aufgaben hinsichtlich Ihrer Zielerreichung! Akzeptieren Sie, dass Sie manchmal nicht den effizientesten Weg einschlagen, dafür bei der Arbeit aber Spaß haben und Aufgaben für Sie interessant bleiben. Zu Ihren stärken zählen Neuanfänge, Spaß an Neuem und Richtungswechsel. Aber es fällt Ihnen oft nicht leicht ein Projekt oder eine

Erarbeiten Sie sich Ihren Weg um die Vorteile der ersten Stufen zu nutzen

Aufgabe konsequent zu Ende zu bringen. Daher ist es für Sie entscheidend den Spaß an Ihrer Arbeit aufrecht zu erhalten! Wechseln Sie zwischendurch ruhig zu einer anderen Aufgabe um dann mit frischer Tatkraft und Spaß bei der Sache zu der ersten Aufgabe zurückzukehren. Vergessen Sie jedoch nicht ganz die Wirkung des „Badewannen-Effekt“. Verändern Sie Ihr Zeitplanbuch und Arbeitsumfeld, wenn es Ihnen langweilig werden sollte. Bummeln Sie im Büroartikelladen. Hauptsache Sie erhalten sich den Spaß an der Arbeit. Das mag nicht immer der effizienteste Weg sein, ist für Sie oft jedoch hoch effektiv.

Praxis-Tipp:
Egal, welcher Typ Sie genau sind: Sie brauchen auch das, des jeweilig anderen. Natürlich haben Sie durch Ihren Typ Stärken und Vorlieben. Diese sind nützlich! Nutzen Sie Ihre Stärken und Ihr Potenzial. Wenn diese jedoch bis zur Ablehnung des Gegenteils übertrieben werden, werden Stärken leicht zu Schwächen.

Praxis-Tipp:
Tauschen Sie sich mit einer Person Ihres Vertrauens aus, die einen anderen Umgang mit Zeit hat und tauschen Sie sich mit ihr aus. Sie können beide viel voneinander lernen. Oft “finden” Sie für die Aufgaben keine Zeit, die die Person anderen Typs gerne und oft macht und umgekehrt.

Praxis-Tipp:
Achten Sie auch bei der Formulierung von Zielen auf Ihren persönlichen Typ und fragen Sie sich: Sind diese Ziele auch langfristig für mich passend?

4. Stufe: Da gibt es doch noch mehr

Wie schon zu Beginn dieses Buches geschildert, dreht sich das Rad der Zeit nicht zuletzt durch technische Entwicklungen immer schneller und schneller. Jeder will alles sofort und am besten schon gestern. Sicherlich ist Geschwindigkeit in vielen Bereichen ein strategischer Wettbewerbsfaktor. Und in einigen Bereichen können Prozesse tatsächlich effizienter und effektiver organisiert und damit beschleunigt werden. Doch sollte man sich klar sein, dass das den Druck auf Menschen erhöht, von denen nicht weniger gefordert wird, als ein gleichbleibendes Arbeitsergebnis in kürzerer Zeit abzuliefern.

Zeitdruck erzeugt Druck auf Menschen

„Es gibt wichtigeres im Leben, als nur sein Tempo zu beschleunigen."
(Mahatma Gandhi)

Auch in Managementkreisen weiß man heute: Der ständige Drang jede Sekunde effizient zu nutzen und alles mehr und mehr zu beschleunigen, führt oft zu schlechteren Ergebnissen und letztlich zu Krankheit. In den USA spricht man von der „hurry-sickness" – von der „Hetzkrankheit". Mögliche Folgen: Stress, Burnout und Herzinfarkt.

Alles zu beschleunigen führt oft zu schlechten Ergebnissen

Um dauerhaft effizient und effektiv sein zu können, braucht Schnelligkeit auch immer Langsamkeit. So entwickelte sich eine neue Säule im Zeitmanagement:
Die Zeitökologie

»Wie nutze ich in diesem Augenblick meine Zeit am besten?«

Damit war ein Gegentrend zur bisher ständig weiter fortschreitenden *Be*schleunigung geboren: *Ent*schleunigung.

Heute unstrittig: Ein ökologischer Umgang mit Zeit ist nicht nur gesünder, er kann auch produktiver sein und zu besseren Entscheidungen führen.

Ausgewogener Wechsel von Ruhe und Aktivität

Denn der Mensch braucht als Ausgleich zu täglichem Stress und Hetze eine gehörige Portion Ruhe, Entspannung und genug Zeit zum Abschalten: Einen ausgewogenen Wechsel von Ruhe und Aktivität. Eine gute Mischung aus verschiedenen Geschwindigkeiten und geplante Zeit zum Nichtstun.

Gönnen Sie sich diesen Ausgleich nicht, geht das auf Kosten Ihrer Konzentration und Leistungsfähigkeit oder gar Gesundheit. Es ist ein Irrglaube, zu denken, wenn man alles nur genug beschleunigt, kann man auch alles erreichen.

Hetzen Sie nicht durch das Leben. Genießen Sie auch die schönen Dinge des Lebens.

Chronos und Kairos

Im Griechischen gibt es zwei Begriffe für Zeit: „chronos“ und „kairos“.

Quantitativer und qualitativer Zeitaspekt

„Chronos“ ist der Begriff für die messbare Zeitdauer (wie sie z.B. ein *Chrono*meter misst) – d.h. für die aufeinanderfolgenden Sekunden, Minuten, Stunden, Tage usw.! „Kairos“ hingegen ist der Bruder des „Chronos“ und vertritt den qualitativen Aspekt von Zeit – d.h. es geht darum die Zeit zu nutzen.

„Kairos“ wird meist mit einer in die Stirn fallenden Harrlocke und einem kahlen Hinterkopf dargestellt. Es gilt also Möglichkeiten zu ergreifen und den Moment rechtzeitig am Schopfe zu packen.

Die Zeit nutzen

Während die Zeit („chronos“) kontinuierlich und unaufhaltsam weiter fortschreitet, gilt es die Zeit („kairos“) auch zu nutzen. Lassen Sie die Zeit nicht einfach dahinplätschern. Ist sie vorbei, bekommen Sie die Zeit nicht wieder. Es ist eine einmalige Chance diese Zeit zu nutzen.

Daher: Nutzen und leben Sie jeden Moment bewusst.

Lebensbalance

Doch sollte der in der vierten Stufe betrachtete Aspekt der Zeitökologie in Ihnen nicht den Trugschluss nähren, die vorherigen – speziell die ersten beiden – Stufen des Zeitmanagement seien überholt. Ganz im Gegenteil: Diese zeigen Ihnen einen effizienteren und effektiveren Weg zur Erreichung Ihrer Ziele. Wichtig ist jedoch, dass Sie bei der Formulierung Ihrer Ziele nicht nur an Ihren Arbeits- und Leistungsbereich denken.

Bedenken Sie bei Ihren Zielen nicht nur den Leistungsaspekt

Unter der einseitigen Überbetonung Ihres Berufs leiden auf Dauer automatisch Ihr Wohlbefinden, Ihre Gesundheit, sowie Ihre privaten Kontakte und Beziehungen.

»Zur heutigen Sitzung habe ich mal meine Familie mitgebracht – nicht, damit Sie sie sehen, sondern damit ich sie mal wieder sehe.«

Das heißt natürlich nicht, dass Sie Ihren Beruf vernachlässigen oder ihm sich nicht mehr engagiert widmen sollen. Das können Sie natürlich auch weiterhin. Und in bestimmten Lebensphasen oder in heißen Phasen des Jobs, in denen Ihr Beruf noch mehr Aufmerksamkeit benötigt, ist auch eine Verlagerung des Gleichgewichts in Richtung „Arbeit und Leistung" O.K.! Achten Sie jedoch darauf, dass diese Verschiebung nicht dauerhaft ist und dass alle Lebensbereiche die Aufmerksamkeit bekommen, die sie benötigen.

Nachfolgendes Modell[11] zur Lebensbalance wird Ihnen dabei helfen:

Schenken Sie jedem Lebensbereich die Aufmerksamkeit, die er braucht

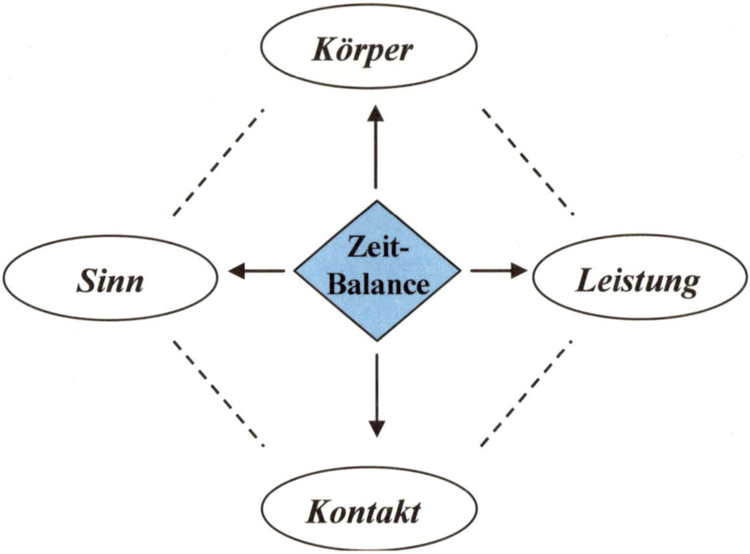

Die 4 Lebensbereiche: Körper, Sinn, Lesitung und Kontakt

Die Inhalte der vier Lebensbereiche:

Körper: Gesundheit, Ernährung, Erholung, Fitness, Entspannung, Lebenserwartung.

Sinn: Selbstverwirklichung, Liebe, Erfüllung, Zukunftsfragen, Philosophie, Spiritualität

Leistung: (Schöner) Beruf, Erfolg, Geld, Karriere, Wohlstand, Vermögen

Kontakt: Freunde, Familie, Zuwendung, Anerkennung

[11] Zeitbalance-Modell nach Peseschkian, Nossrat, Dr. med.

Nicht alle vier Lebensbereiche benötigen die gleiche Aufmerksamkeit. Wie viel Aufmerksamkeit ein Bereich benötigt hängt natürlich von jedem Einzelnen und der individuellen Lebensgestaltung und -planung ab. Wichtig ist jedoch, dass kein Bereich die klare Oberhand über die anderen Lebensbereiche gewinnt oder ein Bereich auf Dauer vernachlässigt wird. Denn:

„Energy flows, where attention goes."
(Hawaiianisches Sprichwort)

Der Zeitbedarf eines Bereiches ist individuell

Es gilt also seine Aufmerksamkeit und damit seine Energie allen vier Lebensbereichen zu widmen und die Balance zu wahren.

Bewahren Sie Ihre Lebens-balance

Testen Sie Ihre Lebensbalance:
Nehmen Sie sich ein Blatt und notieren Sie, welchen prozentualen Bedeutungsanteil Sie den einzelnen Lebensbereichen an Ihrem Lebenserfolg beimessen. Anschließend notieren Sie, wie viel Prozent Ihrer Zeit Sie tatsächlich für den jeweiligen Bereich aufwenden.
Gibt es eine (klare) Diskrepanz, gilt es zu handeln.

Um langfristig in Balance zu sein, müssen Sie wissen, was Ihnen wirklich wichtig ist. Und die Antwort auf die Frage „Was ist mir wirklich wichtig?“ muss alle vier Lebensbereiche umfassen. Es ist klar, eine solche Antwort erfordert Zeit. Nehmen Sie sich diese Zeit.

Ausbruch aus dem Hamsterrad

Leben im Hamsterrad

Im Diktat des Alltags vergessen wir oft, wie schön träumen sein kann. Doch träumen ist nicht nur schön: Es ist wichtig. Es reißt uns aus dem Alltag, es befreit uns aus dem Hamsterrad.

Denn ohne die Antwort auf die Frage „Was ist mir wirklich wichtig im Leben?“ wird aus dem Rad der Zeit all zu leicht ein Hamsterrad. Wir rennen und rennen. Und mit gutem Zeitmanagement schaffen wir vielleicht sogar immer mehr in der gleichen Zeit und werden so schneller und schneller. Aber doch treten wir auf der Stelle. Denn ankommen, ankommen können wir in einem Hamsterrad nicht.

Fragen Sie sich: Was will ich wirklich?

Um anzukommen, muss man wissen wohin! Muss man wissen: „Was will ich wirklich?“ Befreien Sie sich aus dem Hamsterrad. Nehmen Sie sich Zeit zu träumen. Nehmen Sie sich Zeit diese Frage zu beantworten. Nehmen Sie sich Zeit für eine Vision: Für Ihre Lebensvision.

Dreamday

Das Realisieren Ihrer Lebensvision und die Suche nach der Balance in Ihrem Leben sind ein Prozess des „Bewusstwerdens“. Einen solchen Prozess gestaltet man natürlich nicht mal ebenso im Fahrstuhl. Daher nehmen Sie sich regelmäßig Zeit zum Träumen – wann immer es für Sie passt. Nehmen Sie sich aber auch ganz bewusst einen ganzen Tag im Jahr. Planen Sie diesen Tag. Fahren Sie an einen Ort den Sie mögen, an dem Sie entspannen können und vor allem, an dem Sie ungestört sind. Nutzen Sie diese Zeit. Entwerfen Sie eine Vision, ein Leitbild: Ihre Lebensvision.

Nehmen Sie sich einen ganzen Tag zum Träumen

Diese Vision gibt Ihnen die Antwort auf die Frage: „Was will ich wirklich?“ Sie ermöglicht Ihnen Ihr Leben in Balance zu halten. Sie schenkt Ihnen Orientierung im Alltag. Der rote Faden in Ihrem Leben, der Ihnen zeigt, wohin die Reise gehen soll – Ihre Reise, Ihr Lebensweg. Ihre Lebensvision hilft Ihnen auch im tristen Alltag bei Entscheidungen und Planungen. Fragen Sie sich: „Bin ich noch auf dem richtigen Weg um meine Vision zu erreichen?“ „Wie hilft mir dieser Schritt meine Vision zu erreichen?“ Was hilft mir mehr meine Vision zu erreichen?“

Entwerfen Sie Ihre Lebensvision

Haben Sie keine Hemmungen eine Vision zu formulieren. Auch wenn diese nicht gleich perfekt ist. Visionen sind veränderbar. Und sie können wachsen und reifen. Nicht zuletzt Ihr Dreamday gibt Ihnen die Möglichkeit Ihre Vision jährlich zu überprüfen und anzupassen. Wenn Sie jedoch davor zurückschrecken eine Vision zu entwerfen, haben Sie keine Chance,

diese weiterzuentwickeln und wachsen und gedeihen zu lassen. Daher legen Sie los.

Ihre Lebensvision soll alle vier Lebensbereiche beinhalten

Vergessen Sie nicht: Ihre Lebensvision sollte alle Lebensbereiche umfassen. Vielleicht hilft es Ihnen daher, Ihr Leitbild aus mehreren einzelnen Visionen zu entwickeln. Vielleicht sehen Sie aber auch schon ein Bild vor Ihrem inneren Auge und können daraus die Leitvisionen für Ihre einzelnen Lebensbereiche ableiten. Aber bleiben Sie nicht zu unkonkret. Nur ein klares Leitbild gibt Ihnen Orientierung, Antworten und Motivation – und das selbst im Alltag.

Ihre Vision schenkt Ihnen Orientierung und Motivation

Schlüsselrollen[12]/ Lebenshüte[13]

Eine klare Vision und die Lebensbalance vor Auge. Wenn da nur nicht immer die vielen verschiedenen Erwartungen und Rollen im Alltag wären…

Verschiedene Erwartungen und Rollen im Alltag

Denken Sie einmal darüber nach, welche Lebenshüte[13] Sie im Moment tragen, welche Schlüsselrollen[12] Sie im Leben derzeit einnehmen. Überlegen Sie dazu in welchen Zusammenhängen Sie Verantwortung tragen. Fragen Sie sich wer von Ihrem Handeln "abhängig" ist und von wessen Tun Sie "abhängig" sind. Bedenken Sie dabei berufliche Rollen (Haupttätigkeit, Nebentätigkeit ggf. auch Interessenvertretungen o.ä.) genau so wie ehrenamtliche Rollen (Vereine, Kreise, Gewerkschaften, Parteien, Kirche) und vergessen Sie auch Ihre sozialen Rollen (z.B. Vater, Ehemann, Sohn, bester Freund) nicht. Schreiben Sie zunächst einmal alle Ihre Lebenshüte bzw. -rollen, die Sie aktuell wahrnehmen bzw. wahrnehmen müssten auf. Keine Angst! Nichts davon ist in Stein gemeißelt und unabänderlich. Wichtig ist nur eine realistische Bestandsaufnahme des „hier und jetzt“.

Ihre Lebens-rollen/ -hüte

Bewerten Sie anschließend jeden Ihrer Hüte bzw. jede Ihrer Rollen mit Smileys.

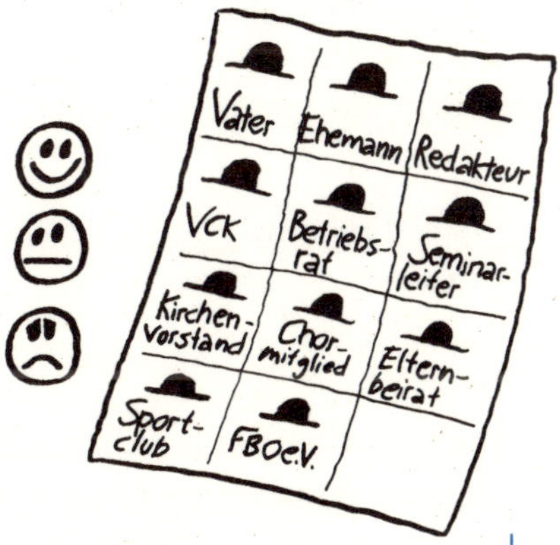

[12] Nach Covey, Stephen, R.
[13] Nach Seiwert, Lothar, J., Prof.

Sind die Hüte für Sie eher

- mit angenehmen Gefühlen,
- mit gleichgültigen Gefühlen,
- mit unangenehmen Gefühlen verbunden?

Hinterfragen Sie kritisch ungeliebte Rollen

Setzen Sie sich insbesondere mit den unangenehmen Rollen auseinander und fragen Sie sich, ob Sie sich weiter mit diesen Hüten belasten wollen.

Sie wissen, dass die wirklichen Zeitprobleme vor allem dann entstehen, wenn wir auf „zu vielen Hochzeiten gleichzeitig tanzen", also zu viele Lebenshüte bzw. – Rollen gleichzeitig ausfüllen wollen. Richtig gut werden Sie die Rollen nur dann ausfüllen können, wenn Sie sich beschränken, wenn Sie nur die wichtigsten Rollen annehmen, diese dann aber auch ernst nehmen und bestmöglich ausfüllen.

Konzentration auf das Wesentliche

Es hat sich herausgestellt, dass wir auf Dauer maximal sieben Lebenshüte gleichzeitig ausfüllen können. Zugegeben, es ist nicht einfach, sich von den vielen „Nebenrollen" zu trennen. Der Mensch ist ein Gewohnheitstier und jede Änderung kostet erst einmal Kraft. Doch es ist im Selbstmanagement wie beim Ballonfahren:

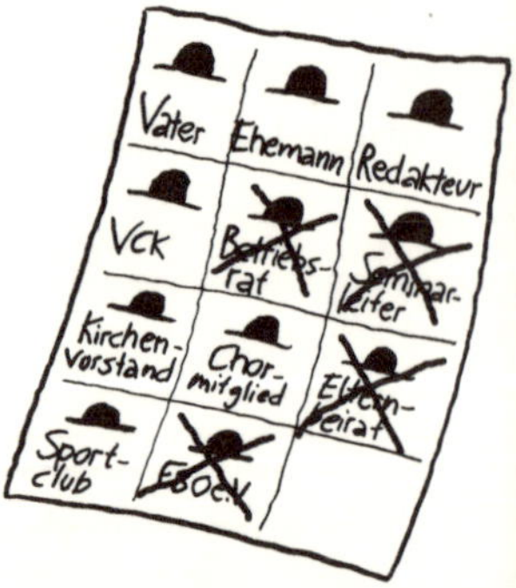

„Wenn Sie weiter nach oben wollen, müssen Sie Ballast abwerfen!"

Deshalb: Reduzieren Sie jetzt Ihre Lebenshüte auf maximal

sieben. Im Zweifelsfall fragen Sie sich:

- Will ich diesen Lebenshut überhaupt?
- Was würde passieren, wenn ich darauf verzichten und ganz einfach loslassen würde?

Notieren Sie sich nun Ihre zukünftigen Lebenshüte.

Strategische Planung der vierten Generation

In der zweiten Stufe haben Sie bereits über strategische Planung gelesen. Doch seit der vierten Stufe des Zeitmanagements weiß man: Nur Jahresziele sind zu kurz gedacht. Zielplanung beginnt bei den Lebenszielen und geht systematisch bis zur Gestaltung jeden einzelnen Tages. Das ist der Kern der vierten Stufe des Zeitmanagements.

Von Lebenszielen bis zur Gestaltung jeden Tages

Mit den beiden Modellen (der Lebensbalance und der Lebenshüte bzw. -rollen) haben Sie es nun in der Hand. Oder besser: zukünftig in Ihrem Zeitplanbuch[14].

Planen Sie Ihre Lebensbereiche und Lebensrollen bzw. -hüte. Entwickeln Sie strategische Schlüsselaufgaben, die Sie in Ihren Lebensbereichen und Lebenshüten voranbringen, um Ihre Lebensvision zu erfüllen.

Planen Sie strategische Schlüsselaufgaben

Planen Sie Ihre jeweiligen Ziele in den Lebensbereichen und konkrete Schritte zur Erreichung dieser Ziele. Planen Sie Ihre Ziele in jedem Lebenshut und

---

[14] Auf der nächsten Seite dargestelltes Formular mit freundlicher Genehmigung von *tempus.*®

ebenso die konkreten Schritte zur Erreichung dieser

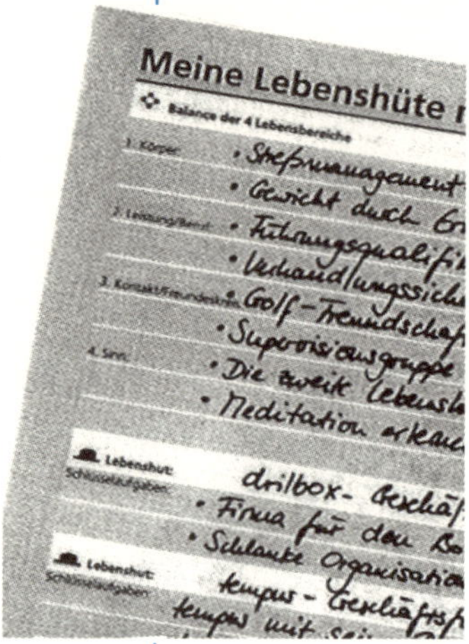

Ziele. Notieren Sie sich diese Schlüsselaufgaben für alle vier Lebensbereiche, sowie für all Ihre (max. sieben) Lebenshüte.

Diese Schlüsselaufgaben sind der Schlüssel zu Ihrer Lebensvision.

Nutzen Sie Ihre Schlüsselaufgaben als Kompass durch Ihren Alltag. Kontrollieren Sie regelmäßig Ihre Zeit- und Aufgabenplanung. Ist sie hilfreich um Ihre Schlüsselaufgaben zu erfüllen und damit Ihre Ziele zu erreichen? Nein? Haben sich Ihre Ziele vielleicht geändert? Wenn ja, scheuen Sie sich nicht Ihre Zielplanung zu ändern und Schlüsselaufgaben zur Erreichung der geänderten Ziele zu formulieren. Haben sich Ihre Ziele jedoch nicht geändert, passen Sie Ihr Handeln an und planen Sie, was Sie tun können, um Ihre Schlüsselaufgaben zu erfüllen.

Kompass durch den Alltag

Entwickeln Sie aus Ihren Schlüsselaufgaben Jahresziele

Brechen Sie diese Schlüsselaufgaben runter und formulieren Sie für Ihre Lebensbereiche und Lebenshüte Jahresziele – natürlich SMART. Wenn es für Sie hilfreich ist, entwickeln Sie zusätzlich Drei- oder Fünf-Jahrespläne.

Entwickeln Sie Ihre Wochenplanung

Brechen Sie Ihre Jahresziele runter und entwickeln Sie Ziele für jedes Jahresquartal für alle Lebensbereiche und -hüte. Und zu guter letzt: Nutzen Sie Ihre Jahres- und Quartalsplanung für Ihre Wochenplanung. Kontrollieren Sie, nachdem Sie Ihre Zeitplanung für

die Woche getätigt haben, ob in dieser Woche all Ihre Lebensbereiche in Balance sind. Merken Sie, dass beispielsweise der Bereich Kontakte in Ihrer Wochenplanung vernachlässigt ist, planen Sie ein Treffen mit Freunden oder rufen Sie eine Person an, von der sie länger nichts mehr gehört haben. Kontrollieren Sie ebenfalls alle Lebenshüte. Haben Sie alle Hüte berücksichtigt? Wenn nicht, überlegen Sie, was Sie in dieser Woche in diesem Bereich tun können, um diese Lebensrolle auszufüllen.

Planung und Kontrolle in einem

Was nach viel Planungsaufwand klingt, wird Ihnen mit einiger Übung schnell von der Hand gehen. Und wie kann man besser seine Zeit nutzen, um sein Leben zu planen und auf die eigene Lebensvision hinzuarbeiten?

Resümee

Nun haben Sie viel über Zeitmanagement gelesen. Manches werden Sie vielleicht schon gekannt haben. Manches intuitiv bereits angewendet haben. Und manches wird komplett neu für Sie sein.

Verwenden Sie die Techniken nach und nach

Nutzen Sie, was für Sie passt und was Ihnen hilft. Verwenden Sie die Techniken und Methoden nach und nach. Nicht alles auf einmal. Finden Sie mit den Hinweisen am Seitenrand schnell für Sie wichtige Passagen und lesen Sie dort bei Bedarf noch einmal nach. Denn, schlechte Nachricht: Wir können nicht 86 Seiten mal eben schnell zusammenfassen. Gute Nachricht: Wir versuchen es trotzdem:

Die Erfolgspyramide[15] – von der Vision zur Aktion.

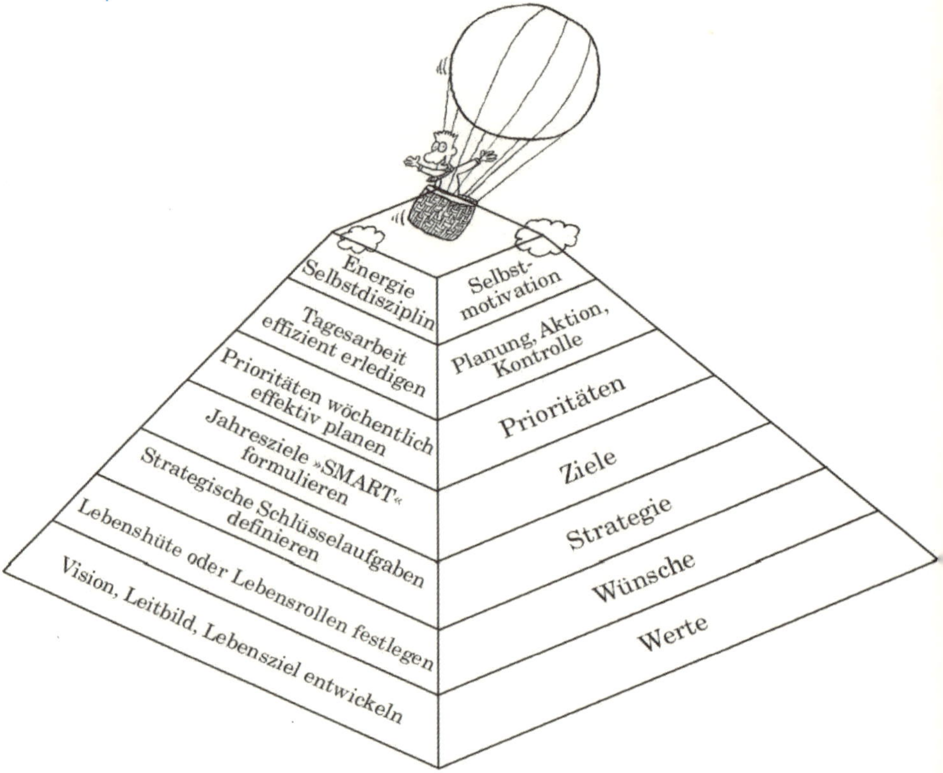

Schritt für Schritt von der Vision zur Aktion

Entwickeln Sie eine Lebensvision. Legen Sie Ihre Lebenshüte/-rollen fest. Definieren Sie Ihre strategischen Schlüsselaufgaben. Formulieren Sie Jahresziele (nach SMART). Planen Sie wöchentlich Ihre Aufgaben nach Prioritäten, Lebensbereichen und Lebenshüten. Planen und erledigen Sie effektiv Ihre Tagesarbeit. Bringen Sie für all dies die nötige Energie und Selbstdisziplin auf. (Diese gewinnen Sie wiederum nicht zuletzt durch Ihre Vision.)

[15] Orientiert an Seiwert, Lothar J.

5. Stufe: Und jetzt im Alltag

Die 4 Stufen des Zeitmanagement bedeuten Veränderungen

Uns ist klar, dass der Einsatz dieser Techniken und Methoden ein großer Schritt ist, der große Veränderungen mit sich bringen wird. Veränderungen durch die Wirkung, die Sie mit den Methoden erzielen werden, aber auch Veränderungen in Ihrem Verhalten, um die Techniken in Ihren Alltag zu integrieren und so regelmäßig anzuwenden.

Und wie wir wahrscheinlich alle bereits mehrfach erlebt haben, gibt es leichteres, als sein alltägliches Verhalten zu verändern. Denn Sie kämpfen gegen nichts Geringeres an, als gegen Ihren inneren Schweinehund und die Macht der Gewohnheit. Und Gewohnheiten sind tatsächlich mächtig. Sie sind…

„…Vorgesetzte, die man nicht bemerkt."
(Hannes Messemer)

Gewohnheiten erschweren Veränderungen

Gewohnheiten machen sich breit und lassen nur wenig Platz für Veränderungen. „Äh, Veränderungen…", würde Ihr innerer Schweinehund sagen, „lass uns uns doch an unsere Gewohnheiten halten. Die sind viel bequemer!" Und damit hat er natürlich Recht. Denn das, was Sie aus Gewohnheit tun, machen Sie scheinbar mühelos und ohne darüber groß nachzudenken. Oder denken Sie nach, welchen Schritt Sie als nächstes beim Kaffee kochen beachten müssen? Nein, das mit dem Kaffee kochen klappt sogar am frühen Morgen, wenn sonst noch nicht viel funktioniert. Das

ist so, weil alle dafür notwendigen Informationen in unserem Unterbewusststein gespeichert sind und von dort automatisch abgerufen werden. So können wir Gewohnheiten ausüben, auch wenn unser Bewusstsein noch im Halbschlaf ist oder sich gerade mit etwas ganz anderem beschäftigt. Das ist bequem, aber auch höchst effektiv: Denn so nutzen wir die Ressourcen unseres Unterbewusstseins und haben gleichzeitig freie Kapazitäten für unser Bewusstsein.

Wir können Gewohnheiten ohne nachzudenken ausüben

Exkurs Unterbewusstsein:
Unser Bewusstsein verarbeitet etwa 16 bits pro Sekunde, unser Unterbewusstsein dagegen etwa 11 Millionen.

Das ist es, was Verhaltensänderungen so schwer macht: Wir müssen uns bewusst darauf konzentrieren und uns dazu auch noch disziplinieren, während unsere Gewohnheiten scheinbar ganz automatisch ihr Programm abspulen und dem neuen Verhalten nur wenig Platz einräumen. Doch eben dies können Sie nutzen, indem Sie das gewünschte Verhalten selbst als neue Gewohnheit verankern.

Verhaltensänderungen erfordern bewusste Konzentration

Denn ebenso werden Ihnen die in diesem Buch beschriebenen Methoden und Techniken schnell und selbstverständlich von der Hand gehen, wenn sie zu Gewohnheiten geworden sind.

Machen Sie die Zeitmanagement Techniken zu Gewohnheiten

Gewohnheiten entwickeln

Um ein Verhalten zu einer Gewohnheit zu machen, sollten Sie es ritualisieren. Verankern Sie es z.B. mit einer anderen Gewohnheit und führen Sie beide

Verhaltensweisen stets zusammen aus, so dass Sie das neue Verhalten quasi automatisch ausüben, sobald Sie Ihre bereits existierende Gewohnheit ausführen.

Verankern Sie neues Verhalten mit gewohntem

Beispiel:
Wollen Sie z.B. zukünftig jeden Tagesablauf vorher planen, besteht grundsätzlich die Gefahr, dass Sie diese (für sie ungewohnte) Planung in der Hektik des Alltags vergessen. Machen Sie daher aus dem neuen Verhalten eine (automatisierte) Gewohnheit. Nehmen Sie sich z.B. vor, ab jetzt am Ende eines jeden Arbeitstages mit einem Zeitplanbuch den nächsten Tag zu planen und unterstützen Sie dieses Vorhaben, indem Sie einen äußeren Rahmen (ein Ritual) für Ihre neue Gewohnheit schaffen. Beispielsweise planen Sie Ihren nächsten Tag immer dann, wenn Sie Ihren Computer abgeschaltet haben. Wenn Sie diese Gewohnheit einmal verankert haben, brauchen Sie überhaupt nicht mehr an die Tagesplanung zu denken. Immer wenn Sie Ihren Computer ausschalten (was Sie ja kaum vergessen werden), werden Sie automatisch als nächstes Ihr Zeitplanbuch zur Hand nehmen.

Untersuchungen zeigen, dass Sie ein neues standardisiertes Verhalten ca. 25-30 Mal hintereinander praktizieren müssen, bevor es sich als Gewohnheit verankert (etabliert) hat. Wichtig ist dabei, dass Sie darauf achten, dass Sie das neue Verhalten wirklich hintereinander (das heißt ohne Störungen und Ausnahmen) einüben, damit es zur Gewohnheit werden kann. Unterbrechen Sie das Antrainieren der neuen Gewohnheit, starten Sie die 25-30 Mal erneut.

Wiederholen Sie neues Verhalten ca. 25-30 Mal um eine Gewohnheit zu etablieren

Praxis-Tipp:
Kontrollieren Sie diesen Vorgang mit einem „Gewohnheits-Countdown“. Legen Sie sich eine Tabelle an, die sichtbar und greifbar haben. Kreuzen Sie dort jedes Mal, an, wenn Sie das gewünschte Verhalten ausgeführt haben, bis Sie es 30 Mal hintereinander ankreuzen konnten. Doch seien Sie ehrlich: Jedes mal, wenn Sie das Verhalten vergessen haben oder der innere Schweinehund zugeschlagen hat, beginnen Sie von vorne.

Erstellen Sie einen Gewohnheits-Countdown

Je länger Sie (neue) Gewohnheiten praktizieren, desto stabiler werden sie

Zunächst wird auch die neue Gewohnheit noch instabil und störanfällig sein. Aber geben Sie ihr Zeit zum Wachsen. Je länger Sie die neue Gewohnheit praktizieren und je regelmäßiger Sie diese anwenden, desto stärker wird Sie in Ihnen verankert und desto stabiler wird sie sich gegen Störungen durchsetzen können. Und irgendwann werden die neue Gewohnheit und Ihr innerer Schweinehund vielleicht sogar Freunde und er wird sie verteidigen. Wovor? Vor neuen Veränderungen…

Sie sollten daher eine neu etablierte Gewohnheit so regelmäßig wie gewünscht ausüben und die Ausnahmen möglichst gering halten. In unserem Beispiel sollten Sie sich also auch unter Zeitdruck nicht dazu hinreißen lassen, Ihre Tagesplanung zu verschieben. Wenn die Gewohnheit dann erst einmal gefestigt ist, können Sie situationsbedingt dann auch einmal eine Ausnahme machen – wenn Sie das dann wirklich noch wollen. Denn wie sagt ein spanisches Sprichwort:

„Gewohnheiten sind anfangs Spinnweben, später Drahtseile.“

Praxis-Tipp:
Wie auch bei der Formulierung von Zielen, sollten Sie bei der Etablierung von Gewohnheiten die Kräfte Ihres Unterbewusstseins und die Kräfte der Autosuggestion nutzen, sowie die Funktionsweise Ihres Gehirns beachten: Stellen Sie sich das Verhalten, das Sie als neue Gewohnheit etablieren wollen so genau wie möglich vor und überlisten Sie Ihr Gehirn, das nicht zwischen Wahrnehmung der Realität und eigener Vorstellung unterscheiden kann. Beschreiben Sie das neue Verhalten attraktiv, bildhaft und positiv - d.h. nicht verneint. Sie können sich nicht „nicht rauchen" vorstellen und verankern damit nur das Bild des Rauchens und machen es sich so unnötig schwer. Werden Sie sich vorab klar, wie das neue Verhalten konkret aussehen soll und welchen konkreten Vorteil es Ihnen bringt. Je attraktiver und konkreter Sie die Vorstellung verbildlichen, desto leichter können Sie das Verhalten zur Gewohnheit werden lassen. Und glauben Sie an Ihren Erfolg. Tun Sie das nicht, haben Sie keine Chance!

Nutzen Sie Ihr Unterbewusstsein und die Funktionsweise Ihres Gehirns

Arbeiten Sie mit positiven Vorstellungen

Nun ist es an Ihnen…

…einiges haben Sie nun über Zeit gelesen. Kurz und konzentriert, aber doch einiges. In der fünften Stufe haben wir versucht Ihnen die ersten Schritte noch etwas zu erleichtern. Trotzdem wird nicht alles sofort passen. Verwenden Sie die Techniken und Methoden nach und nach. Wenn eine passt, versuchen Sie die nächste. Passt Sie nicht, passen Sie sie an oder lassen Sie sie weg. Denn passen, passen muss es für Sie.